KB252356

정보혁명

변곡점을 지나

그린혁명으로

정보혁명
변곡점을 지나
그린혁명으로

한 올

박신옥, 손덕원, 손재현
나의 귀중한 세 사람에게 이 책을 바친다.

머 리 말

　미국이 지식정보사회에 진입한 지 60여년

　이제 세계는 정보혁명이 변곡점을 지나 그린혁명으로 가고 있다. 2010. 4. 14. 「저탄소 녹색성장 기본법」 제정 · 시행과 2012. 5. 14. 「온실가스 배출권의 할당 및 거래에 관한 법률」이 제정됨에 따라, 이제 그린혁명은 국가와 기업과 전국민의 법적 의무가 되었다.

　현대는 불확실성의 시대이다.

　지난 30년간 창업기업의 0.02%만이 살아남았으며, 2008년 미국발 금융위기와 2010년, 2011년 유럽과 미국의 국가부채로 인한 재정위기로 세계는 전대미문의 경제위기 상황이 언제까지 지속될지 모르고 어디로 가야 할지도 모르는 혼미 속에 있다.

　6 · 25 동란이 끝났을 때 우리나라는 세계 180여국 중 7번째로 못사는 나라였으며, 1960년대 말 우리나라의 GDP는 100달러가 못되었다. 인류는 지난 18세기에 농경사회를 산업사회로 변경시킨 산업혁명을 겪은 바 있다. 이 변혁기에 산업혁명의 물결을 슬기롭게 탄 나라들은 선진국으로 발전하여 세계를 지배한 반면, 이 물결을 인식하지 못했던 나라들은 후진국으로 전락했으며 이로 인하여 1820년경에 세계사적인 대분기(Great Divergence)가 일어났다. 이 시기부터 부국과 빈국 사이의 격차가 본격적으로 벌어진 사실을 우리는 잘 알고 있다.

　우리는 130여년 전에 구미 각국이 산업혁명의 물결을 타고 농경사회에서 산업사회로의 대변혁을 이뤄가고 있을 때 이에 적극적으로 대처하지 못함으로써 나라마저 잃은 쓰라린 역사적 과거를 돌이켜 보면서 80년대와 90년대 정보혁명기를 맞아 또 다시 과거의 전철을 되풀이하지 않도록 전국민들의 정보화 마인드 향상과 미래대비능력 향상을 적극적으로 실천하여 2000년대 초반 세계 IT강국으로 자리매김한 바 있다.

그러나 이제는 IT산업과 통신산업의 성장이 감소하고, 대GDP 기여도가 감소하는 반면, 드라마와 K-pop에서 비롯된 한류가 카라 홍초와 장근석 막걸리 등 기업의 매출 증대(문화 87%, 관광 86%, 유통 75%)에 크게 영향을 미치고 있으며, 미래학자 짐 데이토는 다가오는 새로운 미래는 자산의 가치가 토지, 정보를 지나 이미지, 아이콘이 가장 큰 비중을 차지하는 꿈의 사회이며, 한국은 꿈의 사회 세계 제1호 국가라고 하였다.

인류는 역사상 가장 거대한 또 다른 변혁기를 맞아서 지식정보사회를 지나 꿈의 사회, 생존사회, 기후변화사회, 창조사회, 상상력과 공감의 사회, 혁신경제, 전 지구적 생태환경으로 급격한 변혁의 물결이 밀려오고 있다. 이러한 변혁의 물결은 인류의 사회구조와 삶을 송두리째 바꾼 사회적 기술의 혁명에 기인한다.

미래를 알려면 과거를 알아야 한다. 그러므로 우리는 사회적 기술인 지식정보혁명으로 미국과 일본과 우리나라가 언제 지식정보사회에 진입했는지 매우 정확한 수치와 지표로 제시하고 검증하여 봄으로써 변곡점을 지나는 정보혁명의 현좌표를 매우 정확하게 인식할 수 있고, 불확실성의 시대에 다가오는 미래를 정확하게 예측할 수 있는 것이다.

새로운 미래를 정의하는 5가지 키워드는 속도, 복잡성, 변화, 문화, 위험사회이다. 2050년 지구인구는 94억명으로 저출산 고령화사회, 지구 기후변화의 거대한 도전 속에, 그린혁명(그린에너지), 인공지능, 나노, 생명공학 등의 최첨단 과학기술이 사회구조를 송두리째 바꾸는 거대한 변혁의 물결에 적극적으로 대처하여 더 늦기 전에 새로운 미래를 대비하는 마음자세 확립과 미래예측으로 다가오는 미래를 대비하여야 한다.

21세기는 인간과 자연의 조화, 정신과 물질이 균형을 이루고 사회 양극화와 늘어나는 자살률, 노인빈곤 등 사회 불안요인을 해결하고 사회 전 구성원이 함께 가는 지속적이며 균형 있는 사회를 만들어 나가야 할 것이다. 유럽과 서양의 사상은 인간과 자연을 충돌과 대립으로 인식하므로, 새로운 문명의 시대에 인간이 자연에 순응하는 천·지·인 합일 사상과 문화를 가진 우리나라를 비롯한 아시아가 주도적으로 21세기 과제를 해결해 나가야 할 것이다. 21세기는 태평양시대, 중국과 인도, 아시아의 부상으로 세계경제를 주도해 나갈 것이다.

우리나라는 아시아 태평양시대 중심국가로서 해양세력과 대륙세력의 교차점에서 허브와 축의 역할을 주도해 나가야 할 것이다. 우리나라는 태극기의 중심에 있는 태극과 같이 음과 양의 조화사상으로, 바람개비의 축이 되어 바람개비의 4날개인 미국, 일본, 중국, 러시아의 상호 성장과 조화와 균형을 주도하는 강력한 축이 되어야 한다. 바람개비의 축은 꿈의 사회, 생존사회를 주도해 가기 위해서 기후변화와 초연결사회에 기반한 IT와 BT, 나노 등 21세기 사회적 기술 메가트렌드와 속도와 복잡성, 변화, 문화, 위험사회 미래를 정의하는 5가지 키워드를 기반으로 유용한 미래대안들을 찾아서 미국, 일본, 중국, 러시아의 거대한 바람개비의 4날개를 돌려야 할 것이다. 바람개비의 축보다 날개가 큰 것은 당연한 것이다. 날개가 클수록 바람은 거대하고 빠르게 축을 회전시킬 것이다. 바람이 불지 않을 때는 바람개비의 4날개를 앞방향으로 향하게 하여 힘차게 앞으로 달려나가야 한다. 미래 혁신경제, 혁신국가

전략이 그 강력한 동력이 되어 줄 것이다. 우리는 혁신경제를 동력으로 인류의 목표인 국민행복과 보다 향상된 삶의 질로 가는 목표를 달성할 수 있는 길을 찾아가야 할 것이다

　현재 미래예측은 거대한 산업 및 시장으로 변화하고 그 수요가 폭증하고 있으나, 아직 우리나라에는 변곡점을 지나는 정보혁명의 현 좌표와 새로운 미래에 대한 지도와 나침반에 대하여 안내하는 서적 출간이 전무한 실정이다. 빠른 변화와 복잡성, 복합화, 다양화 등으로 미래예측이 생존의 필수조건인 현상황에서 불확실성의 시대, 다차원으로 다가오는 새로운 미래, 국가와 기업 및 전 국민의 법적 의무사항인 그린혁명, 꿈의 사회, 생존사회 그리고 국가미래비전인 국민행복과 더 향상된 삶의 질, 지속가능한 발전, 인간개발 및 인간혁명의 필요성 그리고 이러한 목표를 달성하기 위한 국가미래혁신 전담조직의 신설 필요성에 대하여 일목요연하게 지표와 수치로 제시하고, 증명하는 이 책은 우리나라 전 국민과 대학생, 미래예측에 관심이 있는 직장인, 공무원, 군인에게 다가오는 새로운 미래로 안내하는 지도와 나침반이 될 것이며, 이러한 서적의 출간은 오히려 너무 늦은 감이 있다. 이제 이 책의 출간을 시작으로 미래예측서 출간 붐이 일 것이다. 모든 관심 있는 독자들의 일독을 권한다.

　끝으로, EBS 방송본부장과 시청자위원을 역임하시고, 남서울대학교 등 국내 3개 대학에서 18년간 미디어분야에 대한 강의를 맡아오며, "PD로 가는 길" 등 5권의 미디어 관련분야 저서를 출간하면서, 7~8년 전부터 출간자료를 정리하여 출간할 것을 권유하고 격려하여 주신 배종대 교수님께 감사드리며, 이 책을 출간할 수 있도록 도와주신 한올출판사 임순재 사장님과 편집관계자 여러분들의 노고에 머리 숙여 감사드린다.

Chapter 1

더 늦기 전에 새로운 미래를 대비하자 / 1

Chapter 2

변곡점을 지나는 정보혁명의 현좌표 / 11

Chapter 3

그린혁명으로 / 39

Chapter 4

인류의 발전을 이끌어온 사회적 기술 / 69

Chapter 8

불확실성의 시대 / 139

Chapter 9

단절되고 다차원적인 미래의 예측 / 157

Chapter 10
다차원으로 다가오는 새로운 미래 / 175

CONTENTS

더 늦기 전에
새로운 미래를 대비하자

1. 더 늦기 전에…

생각해 보면 힘들었던 지난 세월
앞만을 바라보며 숨차게 달려 여기에 왔지.

가야 할 길이 아직도 남아 있지만
이제 여기서 걸어온 길을 돌아보네.
어린시절에 뛰놀던 정든 냇물은
회색거품을 가득 싣고서 흘러가고
공장 굴뚝의 자욱한 연기 속에서
내일의 꿈이 흐린 하늘로 흩어지네.

하늘 끝까지 뻗은 회색 빌딩숲
이것이 우리가 원한 전부인가.
그 누구가 미래를 약속했던가.
이젠 느껴야 하네. 더 늦기전에
그 언젠가 아이들이 자라서
밤하늘을 바라볼 때에
하늘 가득 반짝이는 별들을
두 눈 속에 담게 해주오[1]……

---

1) 1992년 환경 콘서트 "내일은 늦으리"의 노래가사이다. 다가오는 미래를 예측하
   는 우리들의 마음과 기대가 잘 담겨 있다.

2. 전 지구적 환경생태로 급변하는 세계

온실가스로 인한 지구온난화로 북극빙하의 녹는 속도가 빨라지고, 더 뜨거워지는 지구, 글로벌한 세계화로 가까워지는 지구촌의 좁아지는 세계, 숨가쁜 지식혁명으로 하루가 다른 세상, 중국경제가 빠른 속도로 확장되면서 "이코노미스트"는 중국이 2019년 미국을 제치고 세계 1위의 경제대국으로 부상할 것이며, 동북아는 역동적으로 변화하고 세계질서는 다극화할 것으로 전망하였다. 저출산 고령화로 출산율은 급락하고 수명연장으로 노인인구는 급증하고 있으며, 세계인구는 2011년 70억명에서 2050년 94억명이 될 것으로 전망되고, 1980년 세계인구의 중산층 비율이 33%에서 2006년 57%, 2030년 93%로 늘어날 것으로 예상되며 인간과 자연의 조화를 고려하는 "지속가능경제"의 중시와 세계는 빠르게 변화하고 있어 하루가 과거의 1년과 같다. 한 눈 파는 사이 1년이 뒤처질 정도로 빠르게 변화하고 있다.

좁아지는 세계[2)]

- 거시변수의 동조화 현상과 불확실성의 증대 → 2008년 전대미문의 금융위기, 2010년 및 2011년 유럽과 미국의 재정위기로 세계경제 위기 초래
- 유한한 자원의 공급제약, Cost-Push와 자원확보경쟁 심화

2) 박재완(기획재정부장관, 전 청와대 국정기획 수석비서관), 연세대 행정대학원 세미나(2009. 3월)

- 원유가가 2008년 147달러로 치솟았으며, 2012년에도 원유가는 세자릿수를 유지할 것으로 전망됨.
- 개도국 근로자의 시장진입, 국제결혼 증가 및 임금격차 확대
  - 127개 국가와 사돈, 21만 다문화 가정, 97개국 140만 체류 외국인, 2020년 외국인 유학생 20만명 유치가 전망됨.
- 국제기구의 정책영역이 지속적으로 확산됨.
- 이동이 어려운 법제도 등 공공인프라의 중요성이 갈수록 증가

숨가뿐 지식혁명, 하루가 다른 세상

- 시간·공간의 한계극복으로 생산성 비약적 향상 및 비즈니스 모델 변혁
- 지식의 창출·확산 경로 재편 및 대중복제 일반화
- 지식의 "개살구 현상(겉모양은 그럴듯하나 실속이 없음)"으로 시장왜곡과 디지털 격차(digital divide) 심화
- 평생학습과 원천기술 긴요

뜨거워지는 지구

- 기상재해, 식량과 물 부족
- 2002년 태풍 루사 : 강원도 1일 강우량 870mm(5조원 피해)
  - 2010. 9. 21. 서울강서구 103년만의 강우량 1시간당 100mm 물폭탄이 내림, 2012년에 한반도 상륙 태풍 4개(볼라벤 등)는 50년만에 처음임.
- 20년 안에 아시아 농경지 30% 사막화
- 온실가스의 위협 : 지구온난화의 55%가 CO_2에 기인함.
- 지난 100년간 지구온도 0.74도 상승

- 지난 40년간 제주도 해수면 22cm 상승(세계 평균의 3배)
- IPCC(유엔산하 기후변화에 관한 정부 간 협의체) 금세기 말까지 지구온도 6.4도, 해수면 59cm 상승 예측
- 수자원, 식량, 에너지, 도시계획, SOC 패러다임 재설계 필요
- 2010. 4. 14.「저탄소 녹색성장 기본법」제정·시행, 2012. 5. 14.「온실가스 배출권의 할당 및 거래에 관한 법률」제정

역동적인 동북아, 세계질서 다극화

- 중국의 잠재력과 시장경제 연착륙 : 베이징 Consensus
- 중국이 미국보다 2007년 CO_2, 2009년 자동차구입, 2018년 세계경제 비중, 2020년 에너지 소비면에서 앞서갈 것으로 예측됨.
- 일본은 구조개혁과 녹색기술·금융으로 경제회생 시도
  - 세계 GDP 비중 : 1994년 18%, 2010년 8.7%로 지속적 감소
  - 일본의 세계 GDP 순위 : 1993년 1위, 2008년 2위, 2011년 3위로 지속적으로 떨어짐.
- 경제파탄에 직면한 북한의 동향과 2010년 천안함 피격, 연평도 포격, 2011년 김정일 사망 후, 김정은 후계체제의 안정 여부

늙어가는 사회, 넘치는 인구

- 출산율 급락과 평균수명 연장으로 노인인구 비중 급상승
  - 평균수명이 늘어남 : 로마제국 28세 → 1700년 33세 → 1800년 36세 → 1900년 50세 → 2000년 79세 → 2020년100세
- 세계인구의 급증 : BC 12C 1억 → 1000년 2.5억 → 1500년 5억 →1820년 10억 → 1900년 16억 → 2011년 70억 → 2050년 94억
- 사회보장 부담증가, 세대 간 재분배 유인 감퇴

- 이모작 인생설계, 정년제도 퇴색 및 임금피크제 확산
- 21세기 우리 사회가 꼭 풀어야 할 과제는 고령화와 세대공감
  - 프랑스는 고령화사회 진입에 110년 이상 걸림, 한국은 고령사회 진입에 불과 20년이 안 걸림.

늘어나는 중산층, 융합과 상생

- 산업혁명과 2차 대전 직후에 이어 세계화로 인하여 중산층이 세 차례 폭발적으로 증가
  - 1980년 세계인구의 33% → 2006년 57%(덩샤오핑의 개혁개방정책의 영향에 기인) → 2030년 93%(전세계 중산층의 93%가 신흥국가에 거주하게 될 것으로 예측됨)
  - 글로벌 중산층 증가에서 중국비중 52%, 인도비중 12% 전망
    * 전 세계 중산층 인구의 1/4이 중국에 있다.
  - 세계는 1800년 이래 세 차례 중산층 폭증기가 있었다.
    * 19세기 서유럽과 1950년부터 30년간 베이비붐이 있었던 서방, 2000~2006년 사이의 개발도상국이 있었다. 앞으로는 중산층이 세계경제의 중추가 될 것이며, 경제위기로부터 세계를 구해낼 것이다.
- 소득상승과 여가확대로 "삶의 질" 욕구 급상승
- 인간과 자연, 경제와 문화를 고려하는 "지속가능성" 중시
- 통섭·다학제 접근, 융·복합 기술, 잡종 강세, 제3의 길, 1인 다기능 시대의 도래

3. 걸음을 멈추고 새로운 미래를 대비하자

한국의 지난 60년을 돌이켜 보면, 태산보다 높은 배고픈 보릿고개를 넘어 5천년 가난을 해결하고 한강의 기적을 달성한 우리는 이제 무역 1조 달러. 세계 10위의 경제대국이 되었다. 아직도 가야 할 길이 멀지만 세계는 국경 없는 무한경쟁의 시대로, 2008년 미국의 금융위기와 그리스, 스페인, 포르투갈, 이탈리아 등 유로존의 국가 재정위기로 인한 신용등급 하락과 유럽의 경제추락으로 세계경제는 한치 앞을 볼 수 없는 불확실성의 시대에 접어들었다. 인류는 지난 18세기에 농경사회를 산업사회로 변혁시킨 산업혁명을 겪은 바 있다. 이 변혁기에 산업혁명의 물결을 슬기롭게 탄 나라들은 선진국으로 발전하여 세계를 지배한 반면, 이 물결을 인식하지 못했던 나라들은 후진국으로 전락했던 사실을 우리는 인식하고, 지난 60년간 산업화와 민주화를 달성하고, "산업화는 늦었지만 정보화는 앞서가자."는 전 국민적인 컨센서스를 바탕으로 2000년대 초 우리는 IT강국의 면모를 드러낼 수 있었다.

페체이 박사가 로마클럽을 창설하고 1972년 "성장의 한계"를 발표한 후, 이어 "인간과 자연"을 발표하여 화석연료 위주의 고도성장에 대한 염려를 나타낸지 40년 후, 우리는 2010. 4. 14. 「저탄소 녹색성장 기본법」을 제정 · 시행하고 2012. 5. 14. 「온실가스 배출권의 할당 및 거래에 관한 법률」이 제정되었다. 도쿄의정서와 2011년 남아프리카 더반에서 열린 제17차 유엔기후변화협약 당사국총회 결과 단일한 법적 체제 아래서 모든 국가가 참여하는 실질적 감축행동의 전기가 마련되었다.

이제 세계는 인간과 자연, 경제와 문화를 고려하는 "지속가능 성장

시대", 그린혁명의 시대가 도래하였다.

무선인터넷과 스마트폰을 기반으로 한 태블릿과 스마트TV, SNS로 대표되는 스마트혁명의 파도가 밀려옴에 따라 1984년 타임지의 표지모델이었던 "PC"는 이제 한편에서 "PC시대의 종말"을 선언하고 있는 것이다. 세계미래학회 회장인 짐 데이토는 "최근 20년간은 이성적인 과학이 중요했지만, 미래에는 감성적인 상상력을 기반으로 한 창조적 산물이 세상을 움직일 것이다. 상상력, 창조, 감성, 혁신의 의미를 깨닫는 기업은 살아남을 것이고, 그렇지 못한 기업은 도태될 것이다."라고 하였다.

프랑스의 미래학자 자크 아탈리는 "지금은 지식정보시대에서 상상력시대로 급격히 진화하고 있다. 탁월한 가치이자, 경쟁력이었던 지식정보가, 이제는 넘쳐나는 정보는 실질적인 가치가 없고 그것이 상상력과 결합하지 않으면 새로운 시대의 혁명적 진화가 이루어질 수 없다."고 하였다.

NASA의 한센박사는 "인간이 야기한 기후변화는 금세기가 끝날 무렵 지구온도를 6도 상승시키고 그 직후에는 우리가 아는 대로 문명의 종말이 닥칠 것이다. 기후적 증거와 지속적인 기후변화의 측면에서 이산화탄소를 현재의 385ppm에서 적어도 350ppm까지는 줄여야 한다. 그러나 그럴 가능성은 없다. 티핑포인트가 다가오고 있다. 이번이 마지막 기회가 될 것이다. 상태가 점점 나빠지고 있어 지구의 희망이라고는 극적인 조치만 남았다."고 말했다. 2011년 70억 인구가 2050년에는 94억 명으로 증가하여 인류의 식량과 물과 삶을 보장하려면 우리는 무엇을 해야 하는가? 온밤을 꼬박 새워 쉬지 않고 선진국을 배우고 따라온 우리가 이제 문득, 앞선 자에게 배우기만 하면 되었던 따라잡기는 사라지고 새로운 혁신과 창조를 해나가야 하는 불확실성의 시대에, 우리는 더 늦기 전에 걸음을 멈추고 뒤돌아보며 그동안의 불균형과 기회의 불평등으로 인하여 초래된 소득격차, 세대격차, 기회격차를 마주하고 깊은 성찰을 하면서, 다가오는 미래 기후변화사회, 꿈의 사회, 공감의 사회,

상상력과 창조의 사회를 예측하고 대비하기 위하여 미래지도와 미래 사회의 몽유도원도를 그리고, 더 늦기 전에 기후변화에 대비하며, 꿈과 지식정보경제, 전 지구적 환경생태로의 이동에 적극적으로 대비해 나 가야 할 것이다.

"빨리 가려면 혼자 가고, 멀리 가려면 함께 가야 한다."

이제 대기업과 중소기업이, 2040과 5080이, 가진 자와 못가진 자가, 동과 서, 남과 북이 손에 손잡고 "지속가능한 성장과 동반성장"으로 함께 가야 한다.

이 우주를 구성하고 있는 근본요소는 "에너지"와 "질량"이다. 우주는 에너지보존의 법칙과 질량불변의 법칙이 성립한다. 아인슈타인이 특수상대성이론을 발표할 때 'E=MC^2' 등가원리를 발표했다. 여기서 E= 에너지, M=질량, 'C=광속도이다. 등가원리에서 에너지(E)가 0이면 질량(물질, M)도 0이 된다. 0 이퀄 0(0=0)'이 된다.

물 한 그릇을 얼리면 얼음 한 그릇이 되고 얼음 한 그릇을 녹이면, 물 한 그릇이 된다. 에너지가 질량이 돼 있을 때나 질량이 에너지가 돼 있을 때나 그 양은 전체가 영 이퀄 영(0=0)이 된다. 에너지는 그대로 질량이 되고, 질량은 그대로 에너지가 된다. 마하반야바라밀다심경에서 이야기하는 부증불감, 불생불멸이 성립한다. 증감이 없다. 에너지가 질량이고 질량이 에너지로 값이 같아진다. 등가원리로 통일되어 있다.

이 우주는 영원토록 부증불감, 상주불멸이 된다. 너와 내가 따로 없는 것이다. 불이(不二), 둘이 아니고 하나이다.

에너지보존의 법칙에 따라 우주 전체의 총에너지는 태초부터 정해져 있으며 이 세상의 끝까지 변함이 없을 것이다. 우주의 에너지는 늘 일정하지만 그 형태는 끊임없이 변한다. 에너지가 한쪽에서 다른 쪽으로 변할 때 다음에 일을 하기 위해 사용할 수 있는 에너지는 줄어든다.

이 때의 사용가능한 에너지의 손실을 엔트로피라고 한다. 열역학 제

2의 법칙은 에너지는 한쪽 방향으로만 변한다는 법칙이다. 질서에서 무질서로, 사용할 수 있는 것에서 없는 것으로 변해간다. 산업화는 환경에서 엔트로피의 총량이 증가하는 대가를 치루어야만 했다.[3]

산업혁명에서 사용된 화석연료 에너지와 인류의 행동이 초래한 지구온난화와 기후변화의 엔트로피는 인류와 지구에 막대한 영향력을 행사하면서 전 지구적 생태계환경에 티핑포인트를 안겨주었다. 이에 인류에게 당면한 그린혁명은 인류의 21세기 과제라 할 수 있다.

2003년 개봉한 앤드류 스탠튼 감독의 애니메이션 영화 "니모를 찾아서"의 주인공 "니모"는 흰동가리이다. 흰동가리와 말미잘은 공생관계이다. "니모"와 말미잘은 공생관계인 것이다.

지구환경보존과 경제번영, 성장과 삶의 질 향상, 경제발전과 사회통합, 국가발전과 개인의 발전이 함께하는 "지속가능한 발전"이 공생발전이다. 함께 살아가는 "공생"은 자연의 법칙이자 삶의 지혜이다.

---

3) 제러미 리프킨(공감의 시대, p.37)

Chapter 2

변곡점을 지나는 정보혁명의 현좌표

1. 변곡점을 지나는 정보혁명의 현좌표

슘페트는 세계경제의 역사적 흐름을 보면 과학기술 및 산업생산방식의 혁명적 변화는 약 50년을 주기로 규칙적으로 나타난다고 하였다.

18세기 중반 산업혁명 이후 지금까지 기술경제 패러다임의 혁명적 변화로 구분되는 4차례의 장기파동이 있었으며 정보혁명에 기반한 5차 주기는 지식, 정보, 서비스 등의 소프트웨어 중심의 지식기반경제로의 전환에 기인한다고 하였다. 최근의 파동주기가 50년에서 30년으로 짧아지고 있는데, 이는 정보, 지식, 디지털혁명에서 그 원인을 찾을 수 있다고 하겠다.

슘페트는 파동의 원인을 기술혁신에서 찾았다.

- 1790~1845년(1차) : 증기기관, 섬유, 운하건설
- 1845~1895년(2차) : 철도, 도시, 상ㆍ하수도, 가스
- 1895~1940년(3차) : 전자산업, 화학산업
- 1940~1990년(4차) : 컴퓨터, 대중의 자동차 소유, 플라스틱
- 1990~2020년(5차) : 무선인터넷, 생명공학, 나노, 인지공학, 그린에
      너지, 융ㆍ복합산업, 그린IT

옛날 인도에서 어떤 국왕이 '인생이란 무엇인가'에 대한 답을 찾아오라고 신하들에게 명령하였다. 30년 후에 몇 명의 신하가 수십 필의 낙타 등에 세상에서 찾은 답을 싣고 국왕에게 찾아왔다.

그러나 이미 나이가 많이 든 왕은 "모두 읽을 힘이 없으니 더 간단하

게 정리하라.”고 하였다. 신하들은 다시 몇 년 동안 걸려 한 권의 책으로 정리해서 국왕에게 다시 찾아왔다.

늙어서 노쇠해진 국왕은 “나는 이제 남은 수명이 얼마 되지 않으니 이 한 권의 책도 읽을 시간이 없다. 인생이란 무엇인가. 한마디로 표현하라.”고 재촉하였다.

신하들은 잠시 의논을 하고, 한 사람이 대표자가 되어 왕의 귓전에 대고 큰소리로 말했다.

“인생이란 태어나서 늙고 병들고 그리고 죽어가는 것입니다.”

국왕은 빙그레 미소 지으며 “그렇구나……” 하고 숨을 거두었다.

인생이란 무엇인가? 이와 같다. 과학기술과 산업, 생산방식의 혁명적 변화도 이와 같다. 순환의 네 걸음을 걷는 것이다. 새싹이 나서(生), 자라고(長), 열매를 맺고(斂), 휴식을 취하고 역사의 무대 뒤로 쇠퇴해가는(藏), 생장염장의 4단계로 순환해가는 것이다.

포화상태에 다다른 세계 통신산업과 IT산업이 성숙기에 들어서 성장률의 둔화현상을 보이고 있는 정보혁명의 현좌표도 이와 같이 열매 맺은 성숙기에서 변곡점에 위치해 있는 것이다.

우리나라는 1970년 농가인구가 1,442만명으로 전체인구의 70%에 달했으나, 2012년 농가인구는 297만명으로 전체인구의 6% 수준으로 줄어들었고 2022년에는 219만명 수준으로 더 줄어들 것이다. 농가인구의 감소 추세는 나라마다 시기는 다를지라도 세계적인 공통된 현상이다. 경제발전과 과학기술의 발전에 따라 1차 산업인 농가인구가 줄어들고 3차 산업인 서비스업이 늘어나기 때문이다.

제조업 종사자 수도 과학기술 발전과 자동화, 정보화, 기계화의 영향으로 고용증가의 영향은 크지 않다.

세계는 바야흐로 20세기 후반에 맞이한 지식정보혁명의 거대한 소용돌이 속에서 한국의 IT산업은 90년대 후반 이후 높은 성장률과 수출확대로 IMF 경제위기 극복에 결정적으로 기여하였으며, 국민경제의 성장을 주도하는 국가주력 사업군으로 부상하였으나, 2001년 이후 국내 · 외 통신시장의 성숙과 IT산업 가치사슬 변화로 성장률이 둔화되고 정보산업이 성숙기를 지나면서, 정보산업의 GDP 성장기여도의 증가폭이 감소하고 있다.

한국 IT 성장률 둔화 추세

- 1995~2001년 기간 중 : 연평균 26.7% 성장
- 2002~2006년 기간 중 : 연평균 15.22% 성장
- 2011년 IT 성장률이 8.9%로 IT산업 성장이 둔화되는 추세를 나타내고 있다.

┃ 한국 IT 연평균 성장률 변곡점 ┃

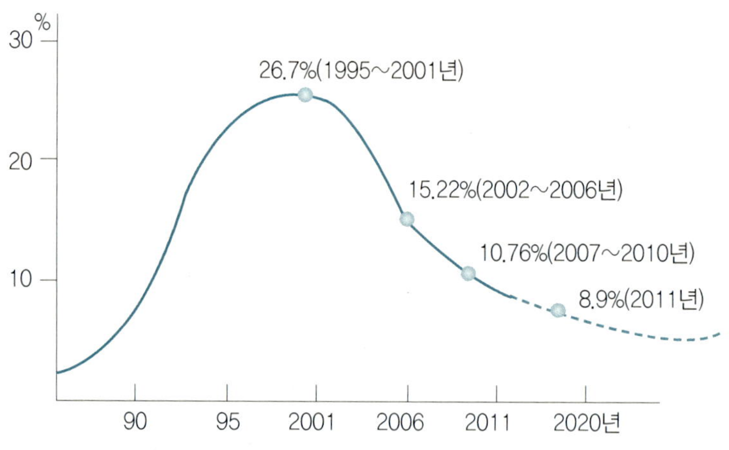

변곡점이란 곡선에서 오목한 모양이 바뀌는 지점 또는 곡선이 요(凹)에서 철(凸) 또는 철(凸)에서 요(凹)로 바뀌는 자리를 나타내는 점을 말한다.

● 1995년 5.7% → 1998년 9.5% → 2002년 11.1% → 2004년 14.2% → 2005년 15.2% → 2006년 16.2% → 2007년 6.9% → 2008년 11%로 2000년대 하반기로 오면서 IT산업의 대GDP 비중이 감소하는 추세를 보이고 있으며 방송통신서비스 시장의 포화상태와 중국과 인도 등 신흥국의 글로벌 IT시장 진출로 인한 경쟁심화로 IT산업의 성장이 정체되고 있다.

│ 한국 IT산업의 대GDP 비중 변곡점 │

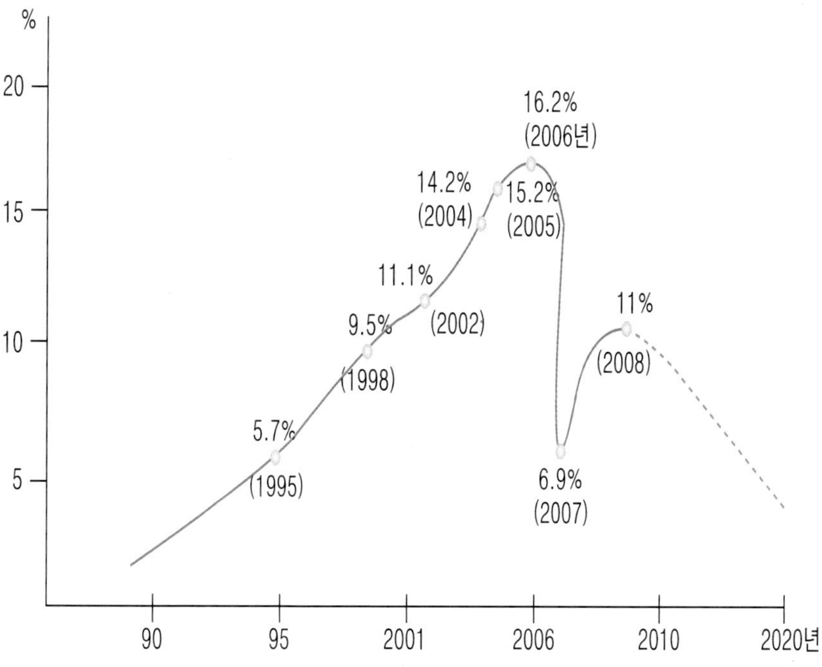

- 1991년 3.6%
- 2000년 → 2002년 기간 중 : 연평균 16.4%
- 2003년 → 2005년 기간 중 : 연평균 29.5%
- 2006년 → 2008년 기간 중 : 연평균 22.6%

  IT산업의 GDP에 대한 성장기여율은 2003년 33.1%, 2004년 29.2%, 2005년 26.2%를 정점으로 대GDP 성장기여율이 감소하는 추세를 보이고 있다.

❚ 한국 IT산업의 GDP에 대한 성장기여율 변곡점 ❚

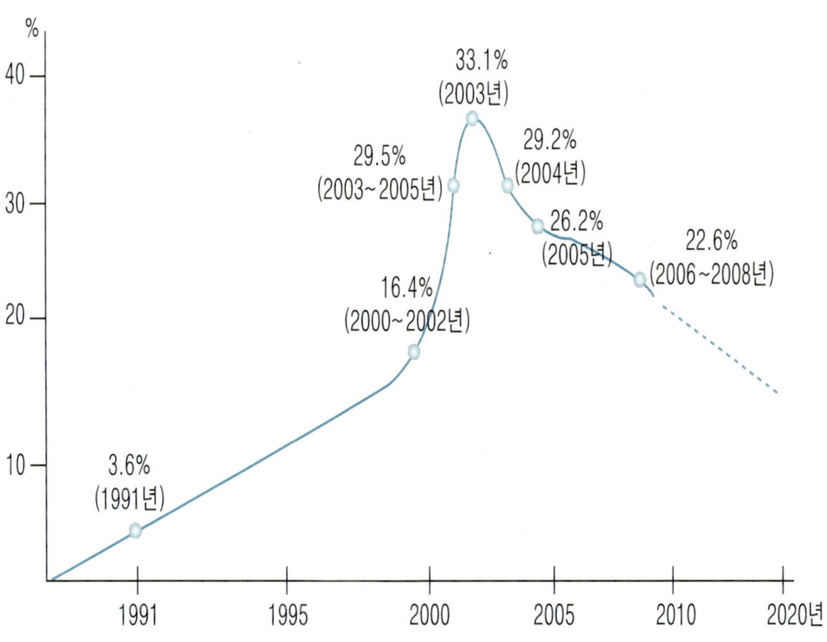

- 1995년 6.4% 수준에서
- 1997년 8.0%로 상승하였으나
- 2000년 10%를 정점으로 점차 하락 추세를 나타내고 있으며, 2000 년을 정점으로 IT 활용도가 하락하는 것은 IT 부문을 포함한 대부분의 산업에서 공통적으로 나타나고 있다.

┃ 한국 IT산업 활용도 변곡점 ┃

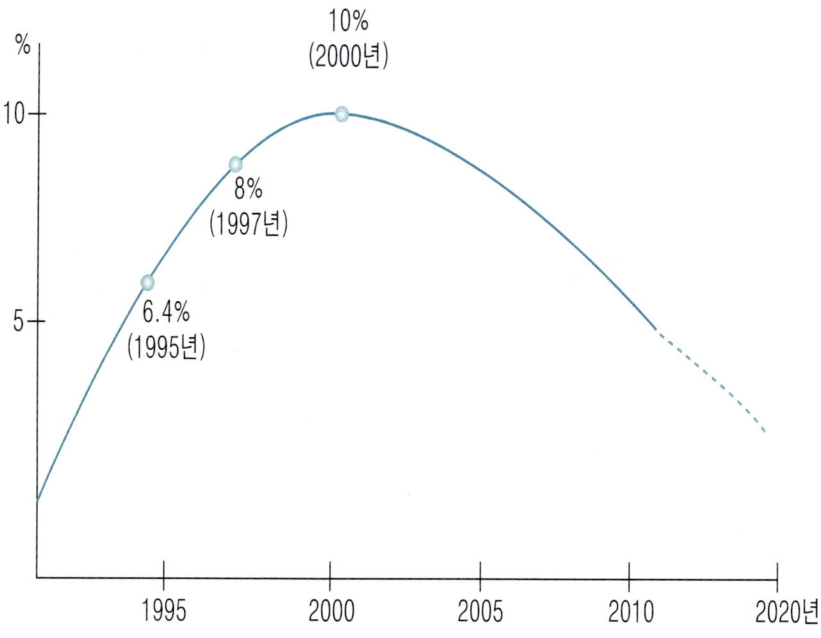

　시장조사기관 가트너에 따르면 2012년도 전 세계 IT시장은 2011년도 보다 3.7% 늘어난 3조 8,000억 달러로 예측했다. 가트너는 전 세계 IT시장 성장률은 2007년 8%를 정점으로 2008년 5.5%, 2009년 5.2%, 2010년 3.1%의 성장률을 나타내었으며, 2012년 3.7% 증가를 예상하여, 세계 IT시장 성장률이 지속적으로 감소추세를 나타낼 것으로 전망했다.

▌ 세계 IT시장의 성장률 변곡점 ▌

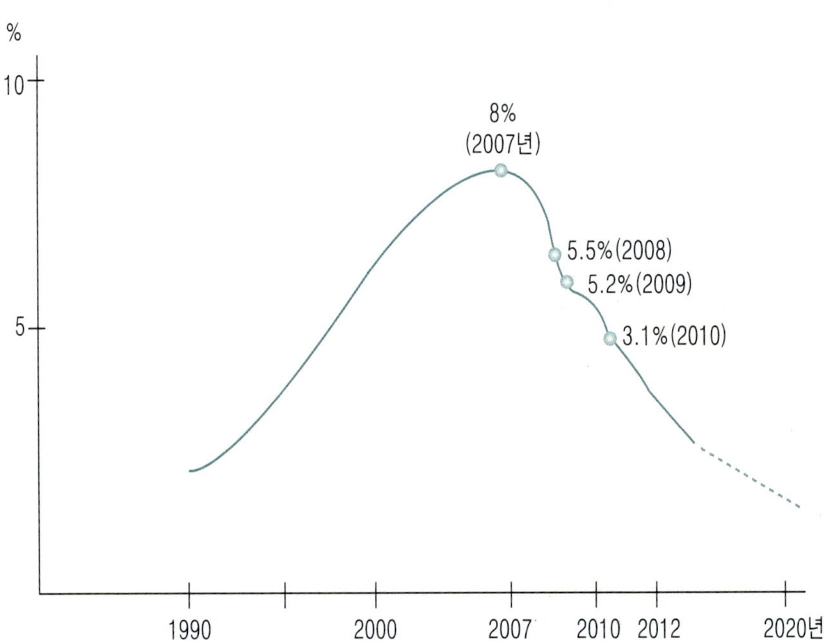

* 자료 : 데이터넷(2012.1.6) 재구성

2. 산업구조 변화와 경제성장

IMF에 따르면 2010년 세계 국내 총생산(GDP)은 62조 9,112억달러이며 한국은 1조 145억달러로 세계 15위로서 세계 총 GDP의 1.6%를 점하고 있다. 2010년 1인당 GNP는 20,591달러로 1961년 82달러에 비하면 254배가 넘는 성장을 하였으며, 2011년 1인당 GDP는 23,749달러로 세계 31위로 1970년 미국의 12%, 1987년의 27%, 2011년 미국의 47% 정도 수준에 도달하였다.

아시아 개발은행(ADB)은 2011. 10. 25. 한국에서 개최된 "아시아 2050, 아시아 세기의 실현" 세미나에서 한국의 1인당 GNP는 2030년 56,000달러로 일본(53,000달러)을 추월하고 2050년에는 9만800달러로 미국의 9만4,900달러와 비슷한 수준이 될 것으로 전망되어 과거 선진국 따라잡기 캐치업(catch-up) 방식에서 기업가정신을 통한 기술과 혁신 주도의 경제발전 방식으로 전환한 대표적 국가라고 지목하였다.

정보산업 선진국 따라잡기 추세

정보산업은 다른 제조업과 달리 본질적으로 지식 · 정보집약적 산업이기 때문에 세계 첨단기술이 곧 경쟁력을 의미한다.

정보산업분야별 기술격차는 연구기관에 따라 다소 차이가 있으나 1995년 대체적으로 평균 3, 4년 정도의 기술격차를 보였으며 1995년 국내 정보산업의 기술경쟁력은 미국을 100으로 하였을 때 대부분의 분야에서 60 미만이며, S/W기술력은 30~50에 불과한 수준으로 나타났으나,

2006년 미국과의 기술격차는 디지털 TV 0.7년, 텔레매틱스 0.6년 수준
으로 나타났다.

정보산업 분야별 평균 기술격차 수준(1995년)

부 문	분 야	삼성경제 연구소	한국전자 통신연구소	정보통신 연구관리단	평균 격차 연수
통신기기	교환기	5.3	3.3	3.0	3.4
	전송기기	3.4	1.8	2.0	
	유선단말기	3.3	2.8	2.5	
	무선통신기기	4.3	3.6	5.6	
정보기기	컴퓨터 본체	3.2	3.2	4.8	3.0
	주변기기	2.0	1.8	3.0	
부 품	반도체	1.7	2.0	2.0	3.4
	일반부품	4.1	4.1	6.1	
정보통신 전체(평균)		3.8	2.8	3.6	3.4

* 자료 : 통신개발연구원(1995:90)

정보산업 기술력 국제 간 비교(1995년)

부 문	기 준	기술수준			비 고
		미국	일본	한국	
통신기기 ●유선통신 ●무선통신	교환기, 전화기 교환기, 휴대용 전화기	100 100	100 90	80 60	– 교환기용 S/W기술 취약 – 무선호출용 교환기 개발 주요 핵심부품 해외의존

정보기기
●컴퓨터
 	
●주변기기
	생산품목
	
	LBP, HDD, ODD
	(하드디스크드라
	이브 등 컴퓨터
	주변기기)
		100
		
		100
			90
			
			90
				30
				
				50
					– PC, WS, 중형컴퓨터 기술
					  확보, 대형컴퓨터 기술 부재
					– 주요 핵심부품 해외의존
					  ODD(광디스크 드라이버)
					  기술 취약

소프트웨어 ●시스템S/W ●응용S/W	운영체제(OS) 다양화 정도	100 100	80 90	30 50	– 초보적 단계, 외산수입사용 – 세계화 진출 상품개발 능력 취약

* 자료 : 통신개발연구원(1995:90)

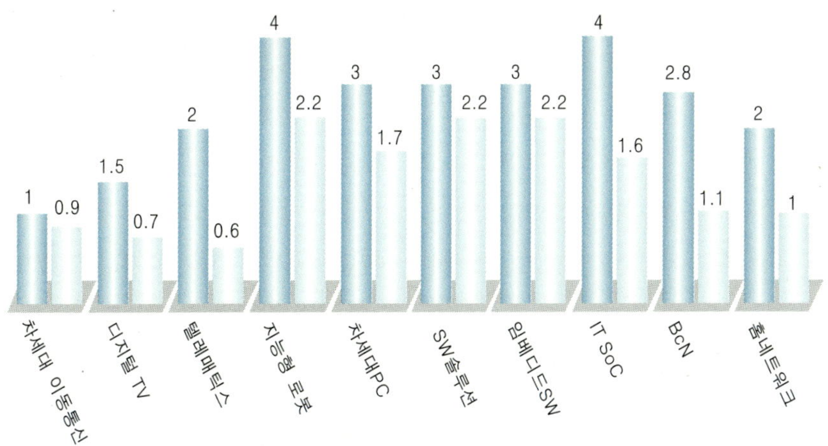

* 자료 : IITA(정보통신연구진흥원) IT기술 수준(2006) - 짙은색 2003년 기준, 옅은색 2006년 기준

한국은 고등교육 등록률이 95%로써 미국의 82%보다 높고 2010년도 GDP 대비 연구개발비 지출은 OECD국가 가운데 이스라엘(4.25%), 핀란드(3.84%)에 이어 세 번째 수준이며, 2011년도 GDP 대비 연구개발비 비중은 4.03%로써 이스라엘 4.4%에 이어 세계 2위(50조원)이다. 이는 2010년도 대비 13.8% 증가한 수치이다.

GDP 대비 연구개발비 비중의 지속적 증가 추세

82	83	84	85	86	→	2009	2010	2011	
1.3%	1.5%	1.7%	1.9%	2.0%		3.56%	3.74%	4.03%	증가

3. 정보혁명, 어떻게 여기까지 왔는가?

그렇다면 우리는 경제개발을 시작하던 1960년대를 거쳐서 산업혁명과 정보혁명의 이중적 격차(듀얼 갭)를 어떻게 극복하고 여기까지 왔는가? 우리가 이만큼 발전하여 올 수 있었던 것은 1960년대 초반 보릿고개라는 5,000년 가난을 물리치고 "우리도 한번 잘 살아보자."라는 국가적·민족적 염원이 뼈에 사무친 것이었기 때문이다. 전쟁의 상처가 사회 곳곳에서 아물지 않고 있던 그때 우리에게 남은 유일한 자원은 사람밖에 없었다. 한정된 자원으로 최대한 효율적으로 활용하여 시급한 성과를 올리기 위하여 필연적으로 공업화에 우선순위를 두고, 규모의 경제에 유리한 대기업 중심의 불균형 성장을 추진하고 제조업은 주로 노동집약도가 높고 기술집약도가 낮은 섬유 등 경공업위주로 산업화를 시작하였다. 1970년대 들어서 제조업에서 기계공업, 소재공업, 조선공업 등 중화학공업의 건설에 착수하였다.

그러나 1970년대에 두 번의 석유파동과 국제원자재 가격의 상승 및 인플레 경제의 환경속에서 우리 경제는 너무도 절실하게 힘겨운 경험을 하였다. 곧이어 1980년대 우리는 "산업화는 늦었지만 정보화는 앞서가자."는 전국민적인 공감대 속에서 전국민의 정보화 마인드 향상과 2000년대를 향한 미래대비 계획 수립 및 미래예측에 대한 관심과 노력을 기울여 1990년대 중반에는 IT산업 연평균 성장률이 30%를 넘고 2000년대 초반 IT산업의 GDP 성장기여도가 33.1%를 넘어서고 국민경제의 성장을 주도하는 국가 주력산업으로 부상하였으며, 유엔 산하 ITU에서 세계 159개국의 IT에 대한 접근성, 이용도, 활용력을 종합하여 정보통신 발전정도와 국가 간 정보격차를 종합적으로 평가한 결과. 2011년 ITU ICT 발전지수 1위, OECD 회원국 가구당 인터넷 보급률 96.8%로 1위, 일반국민과 정보 소외계층 간 정보격차 수준이 2004년 55점에서 2010년 28.9점으로 개선되는 등 미래사회 대응능력이 개선되고 있음을 확인할 수 있다.[1]

이러한 성과는 1980년대부터 각급 학교 교육과정에 정보(Information) 개념 도입과 대중 운집장소에 컴퓨터 및 통신의 시범전시로 지도와 나침반을 제공하였으며, 사회 전체의 정보화 마인드 확산 등 사회정보화에 따른 지식정보사회 대응분위기 조성과 지식정보사회의 주종이 될 정보의 중요성 인식과 정보문화의 확산을 명확한 국가비전으로 제시하고 비전의 소통이 효과적으로 이루어졌기 때문이다. 이는 세계에서 그 유례가 드물게 1995년 정보화 전담부처로서 정보통신부를 신설하여, 국가주도적으로 정보혁명을 선도해 나간 바 있는 성공사례가 우리에게 보여준 바와 같다.

그러나 국민경제의 성장을 주도하며 국가주력 산업군으로 부상하던 IT산업의 성장이 둔화되고 저성장기에 접어들어 국내총생산(GDP) 중 IT산업의 부가가치비중이 감소하고 화석연료와 자원의 고갈, 기후변화에 따른 신재생에너지 산업 등 저탄소 녹색성장 산업의 발전에 대한 공감과 정신적 문화산업의 가치가 계속 증대되는 추세를 나타내고 있다.

2011년 말 현재 우리나라 휴대전화 가입자는 5,330만명으로 전체인구보다 많기 때문에 앞으로 가입자가 늘어날 여지가 적으며, 1990년대 초반 이후 20년간 호황을 누리던 이동통신산업의 성장성이 꺾이게 된 원인은 음성통화와 문자 메시지 사용량이 줄어들었고, 2012년 8월 3,000만명을 넘어선 스마트폰 이용자들은 카카오톡과 트위터, 페이스북을 사용하여 통신하는 등 기술혁신 환경이 급격하게 변하고 있기 때문이다.

---

1) e-나라지표, ICT 발전지수(방송통신위원회, 2011.12.7)

글로벌 시장 조사기관인 오범은 유럽의 경우 통신시장은 현재 1,930
억 달러에서 2016년엔 1,860억 달러로 4% 줄어들 것으로 전망했다.[2]

산업구조의 변화에 따라, 경제성장도 변화하는 현상을 우리는 세계
주요국의 1970~2007년까지 약 40년간의 1인당 GDP 변화에서도 살펴
볼 수 있다.

▎ 세계 주요국 1인당 GDP(1970~2007년) 증가율 추세 ▎

국 가	연도별 1인당 GDP(달러)					연평균 증가율(%)				
	1970년	1980년	1990년	2000년	2007년	70년대	80년대	90년대	2000년대	전기간
한 국	1,994	3,358	6,308	11,347	21,653	5.35	7.46	5.11	4.22	5.64
룩셈부르크	17,436	20,962	32,477	46,457	56,358	1.86	4.48	3.64	2.80	3.22
미 국	18,150	22,568	28,263	34,606	38,063	2.20	2.28	2.05	1.37	2.02
영 국	13,055	15,626	20,097	25,089	28,945	1.81	2.55	2.24	2.06	2.18
일 본	17,345	23,981	33,369	36,789	40,719	3.29	3.36	0.98	1.46	2.33
이탈리아	9,456	13,097	16,351	19,269	20,017	3.31	2.36	1.54	0.55	2.05

* 자료 : 기획재정부, OECD 재구성

이 기간 중 일본과 이탈리아는 1970년대, 1980년대 비하여 1990년대,
2000년대의 1인당 GDP의 증가율이 줄어들었으나, 한국과 룩셈부르크
는 1970년대, 1980년대 비하여 1990년대, 2000년대에 1인당 GDP가 증
가하였으며, 미국은 1970년대, 1980년대 비하여 1990년대, 2000년대 1인
당 GDP 증가율이 다소 감소하였으나, 다른 나라들에 비하여 감소폭이
그다지 크지 않게 나타나는 것은 미국의 경우 일본과 달리 1980년대 및
1990년대 불황기에 정보산업에 대하여 지속적으로 투자를 하면서 미국
특유의 경영혁신 활동을 지속해 왔다는 점이 그 원인으로 볼 수 있다.

1980년대 중반 일본의 제조업과 자동차산업 등이 미국 자동차 시장

---

2) 조선닷컴(2011.10.11)

을 빠르게 잠식해 들어갔으며, 1980년대 후반에는 일본이 미국 본토의
컬럼비아 영화사를 인수하고, 록펠러 빌딩을 사들일 때 "일본이 오고
있다."는 위기감과 함께 미국의 과학적 경영방식보다 일본 고유의 평
생고용을 기반으로 하는 경영방식이 기업의 성과를 드높이는 경영방
식이라는 평가결과가 나왔으나, 인터넷의 상업적 활용이 시작된 1990
년대 중반과 2000년대 지식정보와 인터넷경제에서 미국의 1980년대와
1990년대의 앞선 정보화 투자의 영향으로 미국은 일본을 제치고 세계
경제의 주도권을 확보할 수 있었다.

* 자료 : 국제통화기금(IMF), 데이터메이션사 재인용

컨설팅 회사인 메켄지사에 따르면 1994년 미국의 생산성을 100으로
할 때, 일본은 83, 독일은 79로 나타났다.[3] 스위스 국제경영발전연구원

3) 한국경제신문(1994.5.5)

(IMD)의 국가경쟁력 발표에 미국은 1990년대 중반 연속으로 국가경쟁력 1위로써 일본을 앞지르게 되었다. 미국의 생산성이 일본이나 독일을 앞지르게 된 이유는 불황기에 정보기술에 대한 지속적인 투자와 경영 혁신에 있다. 미국은 1980년대에 정보화 투자를 지속적으로 늘려와서 연평균 4.9% 성장률을 보였으며 불황기인 1989년과 1990년에도 정보화 투자액은 연평균 4.6%와 5.9%에 달해 오히려 높아지는 양상이었고, 경기가 최저점에 이른 1991년에도 3.4%의 투자가 증가했다.

▍일본의 정보화 투자 증가율(1986~1994)▍

성장률(%)

* 자료 : 일본 JISA 뉴스 속보(1996.9.10.)재인용

미국과 일본은 정보화 투자에 대한 인식이 다르다. 미국은 정보화에 대한 투자를 회수가능한 투자라고 인식하였으나, 일본 기업은 1990년대 불황 타개책으로 IT기술을 활용한 비용절감보다 전통적인 조직관리와 생산관리에 치중하였다. 이러한 전략은 장기적으로 기업 경영혁신의 성과를 거둘 수 없었다고 할 수 있다.

한국은 GDP 대비 연구개발비 비중이 1982년 1.3%에서 2010년 3.74%, 2011년 4.03%로 증가하여 왔는데, 1980년대 후반과 1990년대까지 연구개발비의 대부분은 정보화에 투자되었으며, 그 결과 1995년 통신기기와 반도체 부품의 미국과의 기술격차가 3, 4년에서, 2006년 차세대 이동통신 0.9년 등 선진국 따라잡기에 성공하였다고 할 수 있다.

4. 정보혁명, 어디로 가는가?

변곡점에 선 정보혁명, 어디로 가는가?

다니엘 벨의 분석에 따르면 미국은 공업부문 종사자와 정보부문 종사자의 비중이 같아지는 1955년에 지식정보사회에 진입하였다. 이제 세계는 지식정보사회의 물결이 밀려온 지 60여년이 되는 것이다. 사회변화와 기술혁신의 사이클이 급속도로 빨라지는 21세기에 성큼 들어선 우리는 현재 정보혁명이 변곡점을 지나 새로운 미래로 나아가고 있음을 목격하고 있는 것이다.

그러면 정보혁명, 앞으로 어디로 갈 것인가. 우리는 크게 3가지 시나리오를 예상할 수 있다.

첫째는 2011년 우리나라를 방문하여 "일본 소프트뱅크의 미래 30년 비전"을 발표한 일본 소프트뱅크 손정의 회장의 견해가 있다. 손정의는 1990년대 초 이제 막 시작된 인터넷에 도전하고자 미국에 진출하여 인터넷의 시대를 개척할 항해를 시작하였다. 이러한 망망대해에 나서는 것은 지도와 나침반이 필요했다. 손정의는 나침반에 해당하는 세계 최대 IT 전시회인 컴덱스를 인수하고 지도에 해당하는 세계 최대 IT출판과 미디어 그룹인 지프 데이비스를 인수하는 데 성공하였다.

앞으로 30년 후의 라이프스타일과 과학기술이 어떻게 바뀔지는 쉽게 상상할 수 없는 일이다. 사람마다 여러 가지 견해가 다르고 잘 알 수도 없는 일이다. 그럴수록 더 먼 곳을 바라보면 가까이 있는 것은 더욱 선명하게 보일 것이다. 그리고 먼 미래를 예측하기 위해서는 과거를 보아야 한다. 세상에 있는 것은 모두 과거가 있고 현재가 있고 미래가 있는 것이다.

1851년 런던 박람회에서 증기기관이 첫선을 보이고 산업혁명과 공업혁명의 동력으로 그때까지 사람들이 해오던 일을 기계가 대신하면서 인류문명과 라이프스타일은 큰 패러다임의 변화를 가져왔다.

2011년 손정의가 서울에서 소프트뱅크의 미래비전을 발표하였다. "디지털 정보혁명을 통해 사람들이 지혜와 지식을 공유하는 것을 추진하여 인류를 행복하게"가 그것이다. 우리의 뇌세포와 컴퓨터는 전류가 흐르느냐, 흐르지 않느냐에 따른 이진법으로 계산한다.

뇌의 시냅스는 이진법으로 계산이나 기억을 하는데 인간의 대뇌에는 약 300억개의 시냅스가 존재한다. 컴퓨터 하나의 칩에 들어 있는 트랜지스터의 수가 인간의 뇌에 있는 시냅스의 수를 언젠가는 초과할 것인데 손정의가 20년 전이나, 최근에 계산한 결과에 따르면, 동일하게 그 시기는 2018년으로 나왔다고 한다.

컴퓨터의 하나의 칩에 들어 있는 트랜지스터의 수는 무어의 법칙에 따라 계산하면, 100년 후에는 1조의 1억배인 1해배가 된다. 2018년 이후 언젠가는 컴퓨터가 인간의 능력을 넘어서는 때가 곧 다가올 것이다. 다른 생물들과 인간의 뇌를 비교해 보면 아메바가 1이고 곤충이 100만, 침팬지가 80억개 인간의 뇌세포는 300억개이다. 아메바와 인간은 현재 300억배 차이이지만, 100년 후 컴퓨터가 인간을 보면 아메바 수준 이하라고 평가할 날이 올 수도 있을 것이다. 이것이 손정의가 정보혁명의 시작점에 인류가 서 있다고 보는 시각인 것이다.

200년 전 인간의 수명은 36세였으나, 현재 83세이다. 2020년이면 100세의 시대가 오고 앞으로 100년, 200년, 300년 후가 되면 과학기술의 발달과 DNA에 의한 치료, 인공장기의 일반화가 이루어져 평균수명은 200살까지 될 것이다.

인간의 몸에 직접 칩을 심게 되고 뇌와 통신을 하고, 칩과 떨어져 있는 곳에 있는 칩이 서로 무선으로 통신을 하고, 그 칩하고 상대방의 뇌가 체내에서 통신을 하고, 결국에는 텔레파시 같은 과학기술로 인간과 사물과 환경 상호 간에 언제 어디서나 통신하는 시대가 올 것이라고 손 정의는 주장한다.

과학기술과 혁신은 증기기관의 발명으로 톱니바퀴기계 → 콘베어벨트 시스템 → 메인 컴퓨터 → PC → 네트워크 → PC와 네트워크의 결합 → 인터넷 → 사무자동화, 공장자동화, 가사자동화 → 무선인터넷 → 스마트폰과 SNS혁명 → 생물공학(BT) → 나노테크놀로지 → 인공지능으로 발전해왔으며, 앞으로 진화해 나갈 것이다.

일본 소프트뱅크사 손정의 회장은 산업혁명이 300년 지속되었듯이 앞으로 300년 이상 살아남을 소프트뱅크의 미래 비전과 그리고 30년 후의 미래 비전을 제시하고 있다.

그러나 그도 2011년 3월 일본 동북아 대지진 이후, 사람들에게 도움이 되면서 인터넷 혁명에 부합되는 분야가 바로 친환경 재생에너지라고 발표하였다. 그는 일본 47개 광역자치단체 중 35개 도·부·현지사들을 설득하여 자연에너지 협의회를 설립하고 참여를 이끌어냈다.

소프트뱅크는 몽골 고비사막에서 풍력 및 태양광 발전사업을 추진하고 있으며, 몽골 투자회사 "뉴콤"과 풍력 및 태양광 발전사업을 위한 "클린에너지 아시아"를 설립하고 24만 헥타르에 이르는 개발예정지구에 대한 조사에 착수하였다.

손정의 사장은 2011년 3월 후쿠시마원전 사고가 터진 후 10억엔의 사재를 들여, 그가 대표로 있는 자연에너지 재단에서 해저 케이블로 일본과 중국 등 아시아 지역의 전력망을 하나로 연결하는 "아시아 슈퍼 그리드 구상"을 추진하고 있다.[4] 그린 혁명이 시작된 것이다.

둘째는 세계 IT시장 조사기관인 가트너사가 예상하는 지난 60년간 지속되어온 정보혁명과 IT 성장률보다는 성장률이 둔화되지만 신흥국 IT산업 성장 등을 감안할 때, 둔화된 성장세가 앞으로도 지속한다는 견

---

4) 한국경제(2012.3.11)

해이다.[5]

셋째는 우리가 앞에서 정보혁명과 정보산업이 현재 변곡점에 위치해 있으며 국가 GDP 중 연구개발비의 80% 이상이 신재생에너지 등 그린혁명에 투자되고 있으며, 우리나라도 2010. 4. 14. 「저탄소 녹색성장 기본법」 제정·시행과 2012. 5. 14. 「온실가스 배출권의 할당 및 거래에 관한 법률」이 제정됨에 따라, 기후변화 패러다임과 세계 식량부족, 물부족, 세계 탄소거래시장 등 인류의 생존사회 도래 등 세계경제의 패러다임 변화에 따라 현재의 정보혁명과 정보산업이 IT 본래목적인 각 산업의 효율성 증대와 IT, BT, 나노산업 등 IT 융합산업으로 흐름이 바뀌게 되어, IT산업 본래의 성장이 첫째 시나리오와 둘째 시나리오보다 변곡점을 지나 하방 경직성을 띤 추세를 보일 것으로 보는 시각이다. 그러면 정보혁명과 IT산업은 어디로 갈 것인가?

┃ 정보산업 향후 전망 : 세 가지 시나리오 ┃

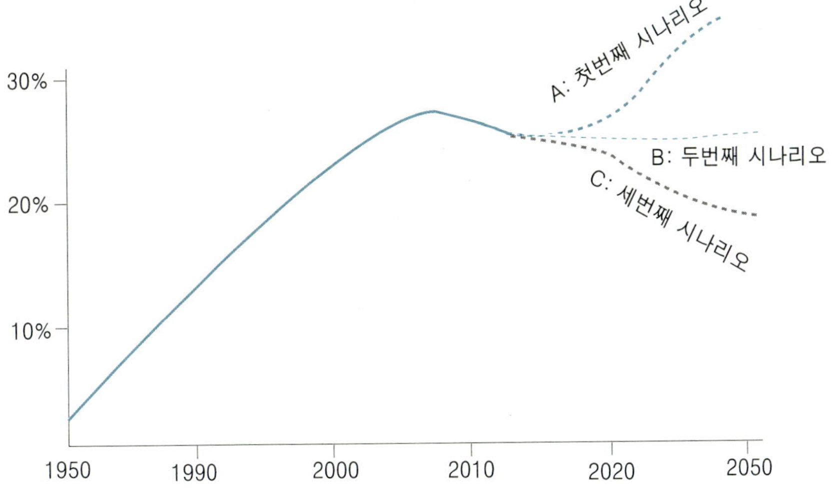

---

5) 시장조사기관 가트너사 리차드 고든 부사장은 "비틀거리는 글로벌경제와 유럽의 위기, 태국 홍수에 따라 세계 IT 지출 전망을 어둡게 하고 있으며, 경제위기에 빠진 서유럽의 IT지출은 2012년 0.7%가 감소하고, 세계 IT산업은 2008년 8% 성장을 정점으로 성장률이 지속적으로 감소할 것"으로 전망했다(파이낸셜뉴스, 2012. 1. 6).

세 가지 시나리오는 세계 피크오일(oil peak)을 바라보는 향후 세 가지 시나리오의 예상 추세와 비슷한 패턴의 그래프 형태로 나타날 것이다. 피크오일의 향후 세 가지 시나리오는 ① 낙관적 예상, ② 현추세를 선형적으로 이어서 전망하는 전통적 석유생산 시나리오, ③ 피크오일론에서 이야기하는 비관적 예상의 세 가지 시나리오가 그것이다. 참고로 살펴보면 아래와 같다.

향후 석유생산의 낙관적 전망으로 피크오일론의 비관적 예상 1.92조 배럴보다 1.69조 배럴이 많은 3.61조 배럴로 보고 있는 낙관적 예상의 주된 이유는 전통적 석유 생산량보다 오일샌드, GTL(GTL; Gas to Liquids, 즉 천연가스를 액화한 석유를 말함) 등 비전통적 석유자원의 활용으로 늘어나는 생산량을 예측하였기 때문이다.

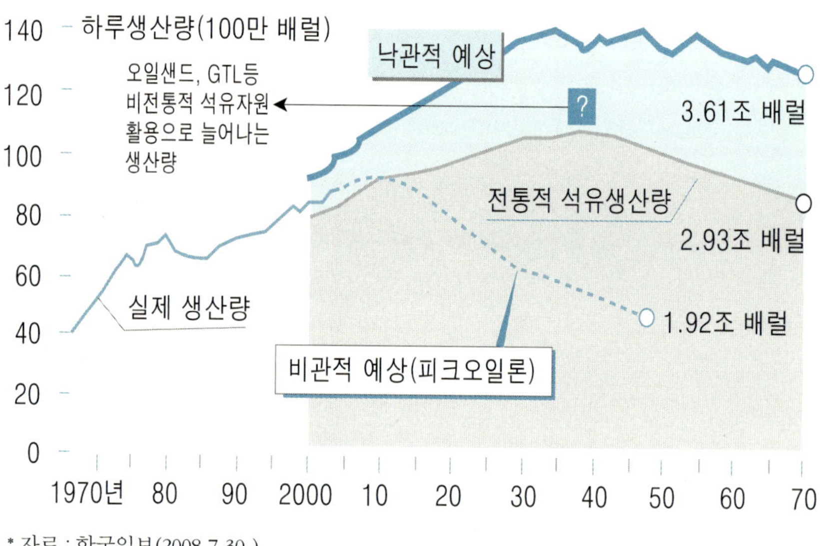

* 자료 : 한국일보(2008.7.30.)

변곡점을 지나는 정보혁명과 정보산업도 향후 IT융합기술개발과 IT

와 BT의 융합, IT기술의 혁신에 따른 DNA에 의한 치료, 인공장기의 일반화, 인간의 뇌에 칩 이식 기술혁신, 인간과 사물과 환경 간 상호 언제 어디서나 통신하는 인공지능(GI) 네트워크 등으로 발전해 나가면 우리는 앞으로 100년간 첫 번째 시나리오를 따라서 손정의 소프트뱅크사 회장이 주장하는 것처럼 이제 인류가 앞으로 300년 정보혁명의 시작점에 서 있다고 볼 수도 있는 것이다.

짐 데이토 교수는 미래예측은 미리 깔아놓은 기차선로를 따라 달리는 것 같은 정해진 경로는 없으며 각자 그 나라의 고유한 모델을 개발해 나가야 한다고 하였다.

과거 1995년 전 세계에서 유례가 없는 정보혁명 전담부처인 정보통신부를 신설하고 "정보화촉진기본법"을 제정, 민관합동의 초고속정보화 추진위원회를 신설하여 총 563억달러 투자계획을 수립·시행하여 전 세계에서 최초로 2000년에 전국을 초고속 인터넷망으로 연결하여 정보혁명을 추진, 2000년대 전 세계 최고의 IT강국으로 성장하였다. 다차원으로 다가오는 새로운 미래를 대비하여 우리의 경험을 살려, "새로운 미래대비기본법"을 제정하고 민관합동의 "새로운 미래 대비 민관추진위원회"의 신설과 민관합동의 새로운 미래대비투자계획을 수립·시행하고 꿈의 사회, 생존사회 대비, 전담부처인 "녹색정보운송부"를 신설하여 적극적으로 미래를 예측하고, 세계경제를 주도해 나가야 할 것이다.

한국은행이 2007년 발표한 자료에 의하면, 우리나라 IT산업은 성장주력산업으로서 우리경제를 견인해 왔으나 2000년대 들어

① 부품 소재산업의 발달 미흡 등 IT산업의 구조적 취약성과

② 경제 전반의 낮은 IT 활용도

③ 생산, 고용, 소득 창출원으로서의 역할 저하

④ 주력 IT제품의 경쟁력 약화 우려가 상존하고 있어서

장기적으로 IT산업에서 생산과 고용의 불균형이 심화될 것으로 예상

되는 가운데 IT산업 이외에 성장을 주도해 나갈 뚜렷한 성장동력산업을 육성하지 못하는 것이 성장 잠재력 약화의 근본원인으로 보고, 우리 경제의 미래를 IT산업에 지나치게 의존할 수 없으며, IT산업의 지속성장 도모 및 이의 파급확대 노력과 함께 새로운 성장동력의 발굴을 병행 추진할 필요가 있으며, 이를 위해서는 정부의 적절한 지원, 규제 정책의 선진화 및 기업차원의 과감한 투자 등 적극적인 노력이 필요함을 지적하고 있다.

스마트폰의 확산과 IT인프라 구축에 따라 스마트워크 도입이 추진되고 있다. 스마트워크는 스마트기기와 유무선 네트워크 등 IT 인프라를 활용, 시간과 장소에 제약 없이 업무를 수행할 수 있도록 하여 재택근무, 유연근무제 도입이 가능하여 창의력이 중시되고, OECD국가 평균 1.75명보다 낮은 1.15명에 불과한 저출산과 65세 이상 인구비중이 2015년 12.9%, 2030년 24.1%, 2050년 37.7%로 인구의 급격한 초고령화 현상, 여성의 경제활동 참여, 출퇴근시간 절감으로 인한 탄소 배출량 감소 등 사회적 현안을 해결할 수 있는 대안으로 떠오르고 있다. 우리나라는 스마트워크센터를 500개소로 확대하여 2020년까지 우리나라 사무직 근로자의 45% 이상이 스마트워크에 참여하고 생산성도 20~60% 향상시켜 나갈 계획을 추진 중이다.[6]

유럽에서 스마트워크가 가장 활성화된 나라는 네덜란드이다. 네덜란드는 500인 이상 고용기업의 91%가 원격근무를 활용 중이다. 스마트워크를 적용하여 성공한 대표적 기업으로 영국의 브리티시텔레콤(BT)을 들 수 있다. BT는 스마트워크 도입 후, 직원들의 생산성이 20% 이상 높아졌으며, 업무만족도도 50% 가량 향상된 것으로 알려져 있으며, 현재 BT 전직원의 85%가 원하는 시간과 장소에서 근무하고 있다.

스마트폰을 비롯한 스마트기기의 확산과 IT인프라 구축에 따라, 스마트워크 확산 등 일하는 방식과 사회 전반의 변화가 밀려오고 있으나,

6) 국가정보화전략위원회(스마트시대 국가발전전략 p.19: 2011.10월)

우리의 경우 대면문화를 중시하고, 법제도 미비 등이 스마트워크의 확산을 막는 장애로 작용하고 있다. 문화적 DNA가 어떠한 새로운 미래로 가는가를 결정하는 중요한 요인이 되는 것이다.

미래학자 짐 데이토는 스마트워크는 지식정보사회의 끝자락이라고 하였다.[7] 다가오는 새로운 미래는 자산의 가치가 토지, 정보를 지나 이미지, 아이콘이 가장 큰 비중을 차지하는 드림소사이어티이며, 한국은 드라마와 K-POP으로 대표되는 한류현상을 국가가 주도적으로 이끌어가고 수출하여 한국은 드림소사이어티 세계 제1호 국가가 되었다고 하고, 스마트워크는 정보혁명으로 되돌아가는 현상이므로 한국 고유의 문화에 자연스럽지 않은 스마트워크에 지나치게 집착할 필요가 없다고 하였다.

지식정보사회의 패러다임이 전환되고 문명의 대전환시대에 새겨들을 일이다.

이제 기후변화사회, 창조사회, 꿈의 사회(드림 소사이어티), 공감의 시대, 전 지구적 환경생태로의 이동과 지속가능한 경제로 인류문명의 패러다임이 전환되는 거대한 조류의 한복판에서 나이스비트가 이야기한 새로운 미래의 거대한 변혁의 물결(메가트렌드)을 이해하고 사회 전반에 미래대응 분위기와 능력을 배양하고 미래대처 능력향상과 국민들에게 희망과 긍지를 부여하기 위한 미래연구의 중요성이 부각되고 있다. 로마의 키케로는 "과거에 어떤 일이 이루어졌는지 알지 못한다면 항상 어린아이처럼 지내는 것이다."라고 말했다.

인류가 이미 지난 18세기에 겪은바 있는 산업혁명의 물결을 슬기롭게 탄 나라들은 선진국으로 발달하여 세계를 지배한 반면, 이 물결을 인식하지 못했던 나라들은 후진국으로 전락하였던 사실을 우리는 잘 알고 있다. 특히 우리는 130여년 전 구미 각국이 산업혁명의 물결을 타고 농경사회로부터 산업사회로 대변혁을 이루어가고 있을 때 이에 적

---

7) 스마트워크포럼(2010.12.14, 조선비즈 주최) 짐 데이토 기조연설

극적으로 대응하지 못함으로써 나라마저 잃은 쓰라린 역사적 과거를 돌이켜 보면서 또 다시 "과거의 전철을 밟고 있는 것은 아닌지"하는 진지한 성찰 아래 역사는 항상 반복되고 인간의 사고도 육체의 한계점처럼 일정한 높이 이상을 비상하지 못할 수 있다는 점을 우리는 항상 유념해야 한다.

이제 제4의 메가트렌드가 오고 있다. 경제적 대격변이 가속화되고, 바다 밑바닥의 "시간", "공간", "지식"의 심층기반이 거대한 지각변동으로 거대한 쓰나미가 되어 밀려오고 있다. 경제, 사회, 문화의 기반 재구축과 대전환의 물결이다. 생산과 소비를 구분하는 칸막이가 무너지고 생산과 소비가 통합되면서 시장의 개념과 이미지가 바뀌고, 거대한 공장 굴뚝이 나노의 원자와 작은 전자, 광자로 재구축되고 있다.

참여의 시대로, 소비자가 생산에 참여하고 유권자가 SNS와 스마트혁명을 통하여 직접민주주의로 정치에 참여하고 소유의 시대에서 정보공유의 시대로 바뀌고, 유형의 시대에서 무형의 시대로 물질에서 지식과 정보, 이미지와 꿈으로, 창조와 상상력으로 부의 비중이 옮겨가고 있는 것이다. 보이는 것을 소중하게 생각하는 시대에서 보이지 않는 것의 소중함을 인식하는 시대로 가상화, 사이버경제, 아바타, 사이버세계에서의 ID, 힘과 에너지에서 지식과 인공지능으로, 대량생산, 대량화, 매스미디어에서 탈대중화로, 구글, 트위터, 페이스북, 소셜미디어에서 보이지 않는 연결된 개인의 집단의사가 가장 큰 결정력을 가지는 것들에서 우리는 이러한 현상을 매일 접하고 있다.

재구축, 거대한 편성, Re의 시대로 개체와 전체의 소통, 연결이 필수적이므로 이 시대는 공감과 소통의 시대인 것이다.

HARD, 격심하게, 근육, 에너지, 힘, 연장상자, 대량화 → SMART, SOFT, 현명하게, 상상력, 두뇌상자, 비대량화, 맞춤형으로 시대적 비중이 확연히 바뀌고 있다.

균일성, 단순 대량생산에서 다양성, 복잡성으로 시대의 조류가 바뀌어 정보와 지식을 위한 지식, 정보의 효율적 관리를 위한 정보가 필요하며, 토털과 융합, 복합이 필수적으로 요구되고 있다. 산업사회의 거대한 공장굴뚝의 상징에서 공장자동화(FA), 홈오토메이션(HA)을 거쳐서, VTR, DVD, VOD, 웹, 앱으로 변해가는 이미지가 이를 잘 말해주고 있다.

굴뚝과 기관총과 제국주의가 산업사회의 지배의 상징이었다면 이제 스마트폰은 입는 컴퓨터로 진화하고 현대인의 눈은 3D 입체로 볼 수 있고, 코는 주파수로써 사물의 고유한 향을 수신하여 사물의 이미지를 전달하고 귀는 복합적으로 들을 수 있고, 입은 말로써 컴퓨터를 지시, 통제, 소통하는 오감의 감성이 지배하는 시대가 되었다.

사회조직과 역사의 변동은 내적 동요와 외적 동요가 중첩되는 변화의 물결의 합성운동의 결과로써 생성하고 진화해 나가는 것인데, 이때 에너지가 필요하며 거대한 에너지는 산업화 초기 증기기관, 석탄과 석유의 화석연료를 사용함으로써 그 변동의 힘과 속도가 증폭되었다.

사회는 제1, 제2, 제3의 물결의 요소가 상호 혼합된 속도의 충돌로 각 사회는 서로 다른 변동도를 가지고 있다. 물결은 구조뿐만 아니라 프로세서이다. 문명은 대단히 복잡한 프로세서이며 분석을 위하여 모델이 필요한데 앨빈 토플러는 그 모델을 "물결"로 제시하였다. 제2의 물결전략과 제3의 물결전략, 또 다른 물결, 파도전략은 역사의 모든 변동은 그 시대를 사는 모든 사람을 포함하여 문화, 경제, 사회, 문명, 기술, 과학, 종교, 신을 향유하고 결정하는 모든 사람이 결정하거나 집단으로 선택하는 결과이다.

최근 스마트로 표현되는 스마트폰, 스마트 TV, 스마트워크, 스마트한 가정, 스마트 오피스, 아바타, 꿈, 판타지 등 이러한 급격한 변화에 대하여 국가·사회 전반에 대한 미래예측으로 국가비전을 만들고 국민 동의를 얻어가는 전략계획과 체계적 실행이 요구된다.

  - PLAN : 전국가적·전사회적 미래비전 계획수립
  - DO : 체계적 실행을 위한 국가전담 조직과 예산지원 필요

– See : 지속적으로 국민, 전 사회적 구성원과 소통, 협의, 설득, 미래 비전 및 미래대응 능력배양, 미래대비 마인드 확산이 필요하다.

노키아는 2000년도 중반 미래혁신 제안의 채택 지연으로 2012. 4. 신용등급이 정크수준으로 강등되고 경쟁에서 밀려났음을 반면교사로 삼아야 한다.

그러면 전 국가적, 전 사회적 구성원의 컨센서스와 국가적 비전을 담아 제시할 계획의 제목은 "꿈의 사회 2040", "생존사회 2040", "SMART KOREA 2040"이라고 할까?

봄이 오니까 꽃이 피는 것이 아니다. 꽃이 피면 봄이다. 예로부터 "성인도 여세출"이라 하였다. 급격한 변화와 전환의 시대에 성인도 세상흐름에 역행하지 말아야 한다는 뜻이다. 법과 제도와 세상을 바라보는 시각도 변화와 단절의 시대, 전환의 시대에 맞추어 빠르게 적응해 나가야 한다.

사회는 "초연결성의 시대"로 가고 있다. 연결은 공감이 있어야 한다. 그래서 감성과 공감의 시대이다. 다른 사람의 아픔을 내 아픔으로 느낄 줄 아는 사람과 대자대비의 마음을 가진 유일한 생명체인 인간의 의식변화에 희망이 있다. 더 늦기 전에 기후변화에 대비하고 꿈과 지식정보경제, 전 지구적 환경생태로의 이동에 적극적으로 대비해 나가야 한다.

난세에는 사람이 시대를 만든다. 호걸이란 천하대세에 대하여 자신이 할 바를 아는 자는 말하고, 영웅은 그 기회와 변화에 따라 일을 성취하는 자를 말한다. 오늘날 변화와 불확실성의 시대 미래를 제대로 예측하는 자! 영웅이 될 것이다.

Chapter 3

그린혁명으로

1. 그린혁명으로

나비가 알을 낳으면 알에서 유충이 나와 한 마리의 애벌레가 된다. 애벌레는 3일 후 고치 속에 들어앉아 재탄생을 기다리며 7일 후 나비로 탄생한다. 이것이 20일간의 나비의 일생이다.

"죽는 것은 애벌레가 나비가 되는 것과 같다. 삶의 순환이다. 애벌레는 고치가 되는 것이 두렵겠지만 그것을 거쳐야 나비가 된다." 이는 「아빠 울지마세요」로 우리나라에 번역되어 출간된 바 있는 픽션 소설에서 영국 백혈병 12세 소년 샐리 니콜스의 이야기에 있는 말이다.

21세기 들어 세계는 화석연료의 고갈로 인한 피크오일(oil peak) 현상과 기후변화로 인하여 경제, 사회, 환경 등 인류의 생존 패러다임이 바뀌어 가고 있다. 세계경제는 화석연료 사용량이 최고점을 지나 감소세를 보이기 시작했으며, IT산업의 발달로 경험한 정보혁명의 패러다임 변화를 능가하는 그린혁명이 도입기를 지나 성장기에 진입하고 있다.

세계 그린시장은 2007년 이후 연평균 8.3%씩 성장하여 2020년에 3조 1천억달러에 달할 것으로 예상되며 특히 태양광, 풍력, 바이오매스 등 신재생에너지 시장은 연평균 약 18% 성장률을 보이며, 1조달러에 달할 것으로 한국무역협회는 예측하고 있다. 2011년 한국경제는 세계 9번째로 무역 1조달러를 달성하였다.

한국은 무역으로 먹고 사는 나라이다. 부존자원은 물론 기술과 자본 모두 부족했던 1960년대 경제개발시대부터 지금까지 필요한 자원을 해외에서 수입하여 이를 기반으로 다시 수출상품을 만들어 해외에 수출하고 있다.

2011년 한국의 수출액은 5,565억달러, 수입액은 5,244억달러로 총 무역액은 1조 809억달러이다. 2011년 명목 GDP는 1,237조원으로 2011년 평균 원/달러 환율 1,121원으로 환산하면 1조 1,034억달러로 GDP 대비 무역비중은 98%이다.

현재 인류는 기후변화라는 세계적으로 중대한 환경의 도전에 직면해 있다. 1820년에 10억명을 돌파한 인류는 2011년 70억명 2050년 94억명으로 증가할 것으로 예상되며, 인구증가로 인한 식량 부족, 물 부족, 지구온난화와 세계화로 인하여 그 심각한 상황과 도전과제는 증폭되어 갈 것이며, 향후 300~2,200년 사이 인류에 의한 지구온난화로 양서류 등 지구상 생물의 75% 이상이 멸종하는 지구 제6의 생물 대멸종에 대한 경고가 지구 한편에서 들려오고 있다.[1]

미국의 미래연구 싱크탱크인 밀레니엄 프로젝트에서는 세계미래학회 연례 컨퍼런스(2009.7)에서 미래 15대 지구적 도전과제를 발표하였다. 미래지구적 도전과제 1순위는 기후변화와 지속가능한 발전, 2순위는 위생적인 수자원 확보, 3순위는 인구증가와 자원배분이 미래 글로벌 최대 이슈가 될 것으로 전망했다.

---

1) 35억년 전 지구상에 생물이 출현한 이후, 지구상의 생물이 절반 혹은 그 이상 멸종한 시기가 최소한 다섯 번 있었다. ① 4억 4,000만년 전 오르도비스기 ② 3억 6,500만년 전 데본기 ③ 2억 4,500만년 전 페름기 ④ 2억 1,000만년 전 트라이아스기 ⑤ 6,600만년 전 백악기의 말기나 그 근처에서 일어났다. 멸종원인은 기후패턴을 바꾼 주요 화산활동, 태양복사에너지의 불규칙성, 운석충돌 등이다. 지구 제6의 생물 대멸종은 화석연료 사용, 온실가스 등 인간의 활동에 의한 기후변화에 의한 영향을 우려하는 전문가의 의견이 많다.

▍ 미래 15대 지구적 도전과제 ▍

순위	미래 도전과제	주요 이슈
1	기후변화와 지속가능한 발전	● 기후변화로 지구기온 빠르게 상승 ● 기후변화로 매년 1,250억달러 손실과 30만명 사망자 발생
2	위생적인 수자원 확보	● 2025년 30억명 물부족 경험
3	인구증가와 자원배분	● 2050년 세계인구 94억명 ● 2030년 총인구 80% 도시 거주
4	민주주의의 확산	● 전 세계인구의 14.4%만이 완전한 민주주의 향유
5	장기적 시각에 입각한 정책결정	● 국민집단지성 네트워크활용 미래대비 역량 제고
6	정보통신기술 융합	● 전 세계 25% 인터넷 활용 중 ● 사용자가 직접 콘텐츠생산 Web2.0으로 진화
7	빈부격차 완화	● 세계 80%의 노동자는 사회적 보호받지 못함.
8	질병의 위협	● 2030년 전 세계 사망원인의 70%가 비전염성질환이 차지
9	불확실성하의 의사결정 역량 제고	● 집단의사결정 역량제고가 중요
10	테러리즘과 대량살상무기 사용억제	● 글로벌 위기 상존으로 국가 간 분쟁, 테러확산 우려
11	여성인권의 신장	● 가부장제, 성폭력 등 여성권리 가로막는 요인 존재
12	국제범죄조직 확산	● 돈세탁, 마약거래 등 초국가적 범죄 확산
13	에너지 수요증가	● 2030년까지 총에너지 수요 두 배 증가
14	과학기술 발전	● 나노상품 2015년까지 3조달러로 성장
15	윤리적 의사결정	● 기업의 사회적 책임 및 윤리경영 확대

* 자료 : 기획재정부 보도자료(2009.8)

산업혁명을 통해 산업화를 가장 먼저 이룬 영국은 환경오염의 심각성과 "기후변화"라는 세계적 메가트렌드를 읽고 그린혁명계획을 발표하여 2020년까지 전체전력의 15%를 신재생에너지로 공급하며 2050년 3조달러 시장으로 육성하고, 에너지 기후변화부 설치, 세계 최초의 기후변화법 제정, 탄소제로도시 건설사업 등을 추진하고 있다.

프랑스의 녹색혁명, 독일의 에코 효율성혁명, 일본의 저탄소사회, 미국 오바마 정부의 녹색정책, 한국의 저탄소 녹색성장정책 등은 세계 각국이 새로운 산업으로서 그린혁명을 위한 거대한 투자의 시작이라고 볼 수 있다.

「그린 이노베이션」의 저자 오자키 유키오는 "환경문제 해결과 비즈니스와의 거리가 좁혀지고 있다."고 말했다. 2010년 7월 기후변화 그룹 대표 스티브 하워드는 "각국의 그린혁명산업은 비용이 아니라 투자이며 동시에 새로운 기회라는 인식을 명확히 해야 한다."고 강조했다.[2]

오스트레일리아의 「더 내추럴 에지프로젝트」에 따르면 기술적인 측면에서 우리 사회는 제6의 변화를 맞고 있다고 하였다. 제1의 변화인 상업의 발전, 제2의 변화인 산업혁명, 제3의 변화인 전기, 화학산업의 발전, 제4의 변화인 1960~1980년대 전자, 항공, 우주산업의 발전, 제5의 변화인 IT(정보기술)혁명에 이어 「그린혁명」 시대의 초입에 들어 섰다고 한다.

지식경제부는 2008. 11. 3. 국회에서 열린 "저탄소 녹색성장을 위한 신재생에너지 산업화 전략 세미나" 이후 지속적으로 성장의 중심축을 IT에서 그린에너지로 이동하고 있다. 그린에너지에 대한 투자가 매년 60~80% 급증하고 있어 "IT혁명"에 가까운 고성장세가 전망된다고 주장하고 있다.

패러다임의 전환에 있어서 두 패러다임이 급격히 변화되는 성장기는 급속한 기술의 개발 및 적용과 함께 사회생활 전반에 걸쳐 일대 변혁이

---

2) 문화일보(2011.12.8)

발생하는 시기이다. 변화에 따른 위기와 함께 새로운 시장에 대한 기회가 공존하는 시기이며, 흥망이 현격히 구분되어 나타나는 시기이다. 즉, 성장기를 대비해 미리 준비한 기업과 국가는 고속성장의 기회를 잡는 계기가 될 것이며, 반대로 안이하게 대응한 기업과 국가는 도태되는 일대 변환기이다.

이러한 패러다임 변화에 발맞추어 각국에서는 신재생에너지 비율을 높이고, 저탄소기술을 확대하는 등 다양한 기후정책들을 강화하고 있다. 2000년대에 교토의정서, 발리로드맵 등 국가 차원에서 온실가스 배출을 줄이는 내용의 협약이 타결되는 등 전 세계적인 온실가스 감축의무 및 각종 환경규제가 확대된 이후, 기후변화를 늦추기 위한 에너지절감과 이를 국가의 새로운 성장동력으로 활용하기 위한 기술개발이 국가정책의 핵심요소로 자리 잡게 되었다. 이것은 국가 간 상품의 무역과 기업의 경영에도 영향을 미쳐 소비단계에서 온실가스 배출이 많은 제품은 더 이상 시장에서 살아남지 못하고 있으며, 지속가능경영을 하지 않는 기업은 시장에서 외면받게 되었다.

새로운 기술이 나타나 시장을 형성하여 산업화될 때까지 3가지 "죽음의 계곡"을 통과해야 된다. 원리발견과 개발시작단계까지의 기술적 돌파구인 "유용성의 계곡", 개발시작 후 양산개시단계까지의 공정혁신과 생산기술의 "경제성의 계곡", 그리고 양산개시 후 기존제품 대체 및 신시장 창출까지의 소비자의 수용인 "수용성의 계곡"이 그것이다.

신성장동력인 신재생에너지는 수용성의 계곡을 극복하여 그린혁명으로 성장하여야 한다.

신재생에너지 기술개발과 산업화 연계

- 새로운 개념이 신시장을 형성할 때까지 3가지 '죽음의 계곡'을 통과하여야 한다.
    - 유용성의 계곡 : 기술적 돌파구
    - 경제성의 계곡 : 공정혁신 및 생산기술
    - 수용성의 계곡 : 소비자의 수용

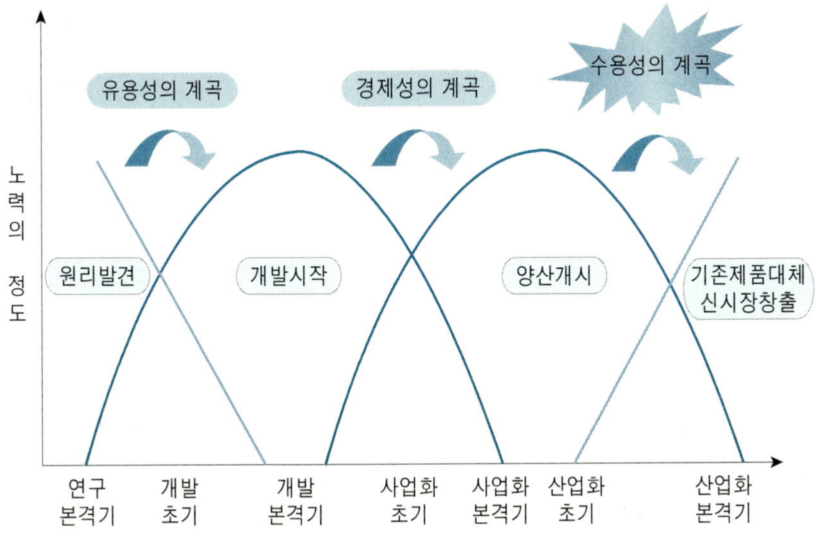

* 자료 : 에너지관리공단(교육자료 : 2008)

현대는 기술의 혁명기이다. 기술 진보의 속도가 빨라서 인류가 전환기를 갖게 된 19세기만 해도 아이디어로부터 실용화에 이르기까지 56년의 세월이 흘렀다. 19세기 후반에 등장한 라디오도 35년이 소요됐다. 그러나 20세기에 들어와 1922년 발명된 TV는 실용화되는 데 12년밖에 걸리지 않았고, 전후에 나온 트랜지스터는 그 기간이 5년에 불과했다.

2차 대전 당시 개발된 레이더는 15년의 연구 끝에 오늘날의 레이더와 같은 골격을 갖췄지만 원폭은 단 6년 만에 실전에 사용됐다.

2010년도에 스마트폰은 가입자가 200만명이었으나, 2012년 8월에는 가입자가 3,000만명을 넘어섰다. 그린에너지와 신재생에너지의 세계시장도 기후변화와 2008년도 147달러까지 오른 고유가 및 피크오일 현상에 따라 급격하게 증가하여 그린혁명을 촉발하게 될 것이다. 우리나라는 에너지 소비 세계 10위, 이산화탄소 배출 세계 10위, 석유 수입 세계 7위, LNG 수입 세계 2위의 에너지 다소비국으로 에너지의 97% 이상을 해외에 의존하고 있다. 2010년 에너지 수입액은 1,214억달러로서 우리나라 총 수입금액의 29% 이상을 차지하고 있어 그린혁명은 우리의 생존이 달려 있다고도 볼 수 있다.

▎그린혁명, 도입기를 지나 성장기에 진입 ▎

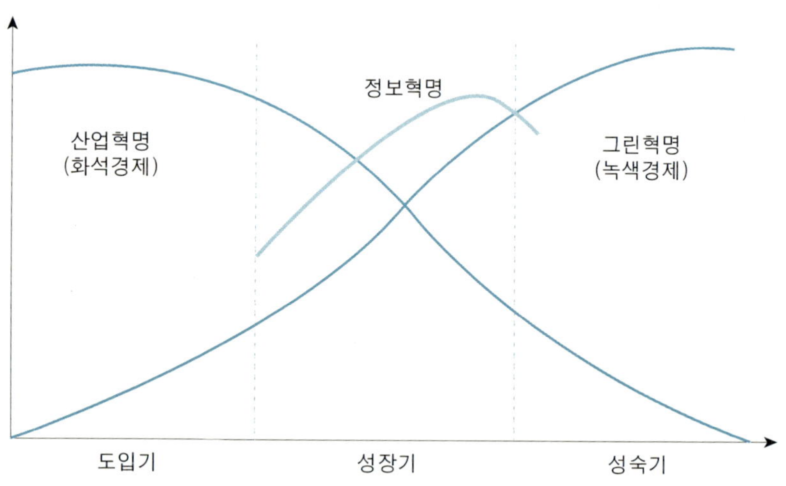

* 그린혁명은 성장기, 정보혁명은 성숙기로 변곡점을 지나고 있다.

구글-이미지검색에서 2012. 9. 20. 이미지 검색결과 산업혁명 43만개, 정보혁명 350만개, 그린혁명 84만개의 이미지가 검색되었다. 산업혁명의 화석경제가 저물고, 정보혁명의 지식경제가 성숙기에 접어들고, 그린혁명이 성장기에 진입하였음을 보여주는 지표가 될 것이다.

화석경제의 패러다임이 녹색경제 패러다임으로 변화하여 도입기
(Ⅰ)를 거쳐 이제 성장기(Ⅱ)에 진입하였다. 바야흐로 그린혁명이 시작
된 것이다.[3]

그린혁명은 법적 의무사항이다

「저탄소 녹색성장 기본법」이 2010. 4. 14. 제정되고, 시행령이 2012.
4. 15.부터 시행되었으며, 「온실가스 배출권의 할당 및 거래에 관한 법
률」이 2012. 5. 14. 제정됨에 따라 이제 우리는 본격적으로 그린혁명이
국가와 기업 및 전 국민 모두의 법적 의무인 동시에 제반사업 추진 시,
필수적으로 고려해야 할 경영의 우선적 핵심 고려사항이 되었다고 할
수 있다.

(1) 「저탄소 녹색성장 기본법」 제6조(사업자의 책무)

① 사업자는 녹색경영을 선도하여야 하며, 기업 활동의 전 과정에서
온실가스와 오염물질의 배출을 줄이고 녹색기술 연구개발과 녹색
산업에 대한 투자 및 고용을 확대하는 등 환경에 관한 사회적·윤
리적 책임을 다하여야 한다.

② 사업자는 정부와 지방자치단체가 실시하는 저탄소 녹색성장에 관
한 정책에 적극 참여하고 협력하여야 한다.

(2) 「저탄소 녹색성장 기본법」 제7조(국민의 책무)

① 국민은 가정과 학교 및 직장 등에서 녹색생활을 적극 실천하여야
한다.

② 국민은 기업의 녹색경영에 관심을 기울이고 녹색제품의 소비 및

---

3) 국제무역원(한국무역의 향후 10년 : 신성장·인프라에서 답을 찾는다. p.1)

서비스 이용을 증대함으로써 기업의 녹색경영을 촉진한다.

③ 국민은 스스로가 인류가 직면한 심각한 기후변화, 에너지 · 자원 위기의 최종적인 문제해결자임을 인식하여 건강하고 쾌적한 환경을 후손에게 물려주기 위하여 녹색생활 운동에 적극 참여하여야 한다.

(3) 「저탄소 녹색성장 기본법 시행령」 제4조(저탄소 녹색성장 국가전략 5개년 계획수립)

정부는 국가전략을 효율적 · 체계적으로 이행하기 위하여 5년마다 저탄소 녹색성장 국가전략 5개년 계획을 수립할 수 있다. 이 경우 법 제14조에 따른 녹색성장위원회의 심의 및 국무회의의 심의를 거쳐야 한다.

(4) 「저탄소 녹색성장 기본법 시행령」 제18조(녹색기술, 녹색산업의 표준화)

① 교육과학기술부장관, 문화체육관광부장관, 농림수산식품부장관, 지식경제부장관, 환경부장관, 국토해양부장관 및 방송통신위원회 위원장은 법 제32조 제1항에 따라 소관 분야 녹색기술 · 녹색산업의 표준화 기반을 구축하기 위하여 다음 각 호의 사업을 추진하고 필요한 지원을 할 수 있다.

1. 국제표준과 연계한 표준화 기반 및 적합성 평가체계 구축 사업
2. 개발된 녹색기술의 표준화 사업
3. 국내에서 연구 · 개발 중인 녹색기술 · 녹색산업의 표준화 사업
4. 표준화 기반을 구축하기 위한 전문인력의 양성사업
5. 그 밖에 표준화 기반을 구축하기 위하여 필요한 사업

② 지식경제부장관은 제1항에 따른 녹색기술 · 녹색산업의 표준화 기반 구축에 관한 사항을 총괄적으로 관장하며, 국민에게 관련 정보를 신속하게 제공하기 위하여 필요한 조치를 마련할 수 있다.

(5) 「저탄소 녹색성장 기본법 시행령」 제25조(온실가스 감축 국가목표 설정 ·
관리)

① 법 제42조 제1항 제1호에 따른 온실가스 감축 목표는 2020년의
국가 온실가스 총배출량을 2020년의 온실가스 배출 전망치 대비
100분의 30까지 감축하는 것으로 한다.
② 위원회가 제1항에 따른 온실가스 감축 목표의 세부 감축 목표 및
법 제42조 제4항에 따른 부문별 목표의 설정 및 그 이행의 지원을
위하여 필요한 조치에 관한 사항을 심의하는 경우에는 위원회의
심의 전에 「경제정책조정회의 규정」 제2조에 따른 경제정책조
정회의를 거쳐야 한다.

(6) 「저탄소 녹색성장 기본법 시행령」 제26조(온실가스 · 에너지 목표관리
의 원칙 및 역할)

① 환경부장관은 온실가스 감축 목표의 설정 · 관리 및 필요한 조치
에 관하여 총괄 · 조정 기능을 수행한다.
② 환경부장관은 온실가스 및 에너지 목표관리의 통합 · 연계, 국내
산업의 여건, 국제적인 동향, 이중 규제의 방지 등 관련 규제의 선
진화 등을 고려하여 법 제42조 제5항에 따른 목표의 설정 · 관리
및 검증 등에 관한 종합적인 기준 및 지침을 마련하여 이를 관보
에 고시한다. 이 경우 제3항에 따른 부문별 관계 중앙행정기관의
장(이하 "부문별 관장기관"이라 한다)과의 협의 및 위원회의 심
의를 거쳐야 한다.
③ 부문별 관장기관은 다음 각 호의 구분에 따라 소관 부문별로 법
제42조 제5항에 따른 목표의 설정 · 관리 및 필요한 조치에 관한
사항을 관장한다. 이 경우 부문별 관장기관은 제1항에 따른 환경
부장관의 총괄 · 조정 업무에 최대한 협조하여야 한다.

　　1. 농림수산식품부 : 농업·축산 분야

　　2. 지식경제부 : 산업·발전(發電) 분야

　　3. 환경부 : 폐기물 분야

　　4. 국토해양부 : 건물·교통 분야

(7) 「저탄소 녹색성장 기본법 시행령」 제33조(온실가스 감축의 조기행동 촉진)

　법 제43조에 따른 온실가스의 자발적 감축은 검증기관의 검증을 받은 실적에 대하여 법 제46조에 따른 온실가스 배출권 거래제의 온실가스 배출 할당량 설정에 이를 인정할 수 있다.

(8) 「저탄소 녹색성장 기본법 시행령」 제36조(국가 온실가스 종합정보관리체계의 구축 및 관리)

　① 법 제45조 제1항에 따른 국가 온실가스 종합정보관리체계를 구축·관리하기 위하여 환경부장관 소속으로 온실가스 종합정보센터를 둔다.

　② 센터는 다음 각 호의 사항을 관장한다.

　　1. 국가 및 부문별 온실가스 감축 목표 설정의 지원

　　2. 국제기준에 따른 국가 온실가스 종합정보관리체계 운영

　　3. 제26조부터 제35조까지의 규정에 따른 업무협조 지원 및 관계 중앙행정기관에 대한 정보 제공

　　4. 국내외 온실가스 감축 지원을 위한 조사·연구

　　5. 저탄소 녹색성장 관련 국제기구·단체 및 개발도상국과의 협력

　③ 환경부장관은 센터의 효율적·체계적 업무수행을 위하여 기획재정부, 행정안전부, 농림수산식품부, 지식경제부, 국토해양부 등 관계 중앙행정기관의 고위공무원단에 속하는 공무원 및 기획단의 단장으로 구성된 협의체를 구성·운영한다.

④ 법 제45조 제2항에 따라 부문별 관장기관은 다음 각 호의 구분에
따른 소관 부문별 전년도 온실가스 정보 및 통계를 매년 6월 30일
까지 센터에 제출하여야 한다.
  1. 농림수산식품부장관 : 농림 · 산림
  2. 지식경제부장관 : 에너지 · 산업공정
  3. 환경부장관 : 폐기물
  4. 국토해양부장관 : 건물 · 교통

(9) 「저탄소 녹색성장 기본법 시행령」 제38조(기후변화 영향평가 및 적응대책 수립)

① 환경부장관은 법 제48조 제4항에 따라 다음 각 호의 사항이 포함
된 기후변화 적응대책을 관계 중앙행정기관의 장과 협의하여 5년
단위로 수립 · 시행하여야 한다.
  1. 기후변화 적응을 위한 국제협약 등에 관한 사항
  2. 기후변화에 대한 감시 · 예측 · 제공 · 활용 능력 향상에 관한 사항
  3. 부문별 · 지역별 기후변화의 영향과 취약성 평가에 관한 사항
  4. 부문별 · 지역별 기후변화 적응대책에 관한 사항
  5. 기후변화에 따른 재해 예방에 관한 사항
  6. 법 제58조에 따른 녹색생활운동과 기후변화 적응대책의 연계
     추진에 관한 사항
  7. 그 밖에 기후변화 적응을 위하여 환경부장관이 필요하다고 인
     정하는 사항

9차 한국표준산업분류에 폐기물, 환경복원 등 15항목 신설

산업이란 "유사한 성질을 갖는 산업활동에 주로 종사하는 생산단위
의 집합"이라 정의되며, 산업활동의 범위에는 영리적 · 비영리적 활동

이 모두 포함되나 가정 내의 가사활동은 제외된다.

한국표준산업분류는 통계청에서 고시하고 있으며 이번에 개정된 9차는 2000. 1. 7. 제8차 개정 이후, 2000년 이후의 신생 및 쇠퇴산업을 반영하여 우리나라에서 산업활동을 하고 있는 기업과 근로자에 대하여 방문면접조사를 통하여 도출된 데이터들로써 우리나라의 2000년 이후의 실제 산업구조변화를 명확하게 분석하여 확인할 수 있으며, 2008. 2. 1.부터 시행되고 있다.

9차 개정에서 환경정화 및 복원업이 신설되고 폐기물 수집·운반, 처리 및 원료 재생업이 세분되어 그린경제가 산업으로서 이미 도입기를 지나 성숙기에 들어섰음을 확인할 수 있다.

8차(2000. 1. 7. 시행)			9차(2008. 2. 1 시행)		증감
대분류	20항목	→	21항목	1항목	증가
세세분류	1,121항목	→	1,145항목	24항목	증가
농업·어업·임업	37항목	→	34항목	3항목	감소
광업	18항목	→	17항목	1항목	감소
제조업	473항목	→	461항목	12항목	감소
폐기물, 환경복원		→	15항목	신설	
교육서비스	23항목	→	29항목	6항목	증가

옛날 인도에서 부처님이 사바티의 기원정사에 계실 때 말롱카라는 비구가 있었다. 그는 늘 "세계는 영원한가, 유한한가, 생명이 육체인가, 육체를 떠난 생명이 있는가" 이런 생각만 하면서 살았다. 그는 어느날 부처님께 "저의 이런 생각이 진실된 것인지 허망한 것인지"에 대해서 물었다.

부처님은 말씀하셨다.

"어떤 사람이 독화살에 맞아 견디기 어려운 고통을 받을 때, 주위의 친구들이 즉시 의사를 부르려고 하였다. 그런데 그가 말하기를, '아직 이 화살을 뽑아서는 안 되오. 나는 먼저 화살을 쏜 사람이 누구인지, 그리고 이 화살이 무슨 나무로 되어 있는지, 또 화살깃이 매털로 되었는지 닭털로 되었는지를 먼저 알아야겠소.' 이와 같이 따지려 든다면 그는 그것을 채 알기도 전에 독이 번져 죽을 것이다. 나는 세계가 무한하다거나 유한한 것이라고 단정적으로 말하지 않는다. 왜냐하면 그것은 이치와 법에 맞지 않으며 수행이 아니어서 지혜와 깨달음으로 나아가는 길이 아니고, 열반의 길도 아니기 때문이다. 내가 한결같이 말하는 것은 괴로움과 그 원인과 괴로움을 소멸하는 길이다."

이 말씀을 듣고 말룽카의 모든 의문은 풀렸다.

이른바 "독화살의 비유"이다. 현재 한국산업 중에 그린경제가 있는가? 없는가? 등에 대한 물음보다, 2010년 「저탄소 녹색성장 기본법」 제정, 2012. 4. 15. 「저탄소 녹색성장 기본법 시행령」이 시행되고, 2012. 5. 14. 「온실가스 배출권의 할당 및 거래에 관한 법률」이 제정됨에 따라 그린혁명은 전 국민의 법적 의무사항이다. 지금, 현재, 여기서 전 인류의 자연과의 공생과 지구를 살리는 일에 동참해야 할 것이다.

그린 커스터머(Customer)의 등장

환경 이슈 부각과 함께 친환경 제품을 고가에도 구입하려는 'Green Customer'의 등장으로 제품, 서비스의 그린화(Greening)는 타사와 차별화할 수 있는 요인이자, 기업의 그린이미지를 선점할 수 있는 주요 수단이 되고 있다.

이에 따라 기업으로서는 친환경 제품, 서비스의 개발을 통해 소비자에게 그린 이미지를 높이고, 타사와 차별화 요소로서 그린화를 적극적으로 활용할 필요가 있다.

2007년 맥킨지의 global survey에 따르면 친환경 제품에 대해 관심을 가지고 있는 소비자는 84%에 달하며, 이 중 40% 이상이 실질적인 구매 행위를 고려하고 있는 것으로 나타났다.

또한 제품 Life Cycle 전반에서 배출된 CO_2 양을 제품에 표기하는 탄소라벨(Carbon Labeling) 부착의 확산 움직임에 따라 탄소배출량이 적은 제품을 구매하려는 환경친화적 소비문화도 확산되고 있다.

- 영국 내 설문결과, 69%의 소비자가 탄소라벨이 구매에 영향을 미칠 것으로 응답(자료 : 英 Populus, 2007)
- 미국의 글로벌 전략리서치 기관인 그레일 리서치(Grail Research)에서 미국 소비자들을 대상으로 조사한 결과에서도 응답자의 93%가 그린제품이 구매의사결정에 영향을 미친다고 응답한 것으로 나타났다.
- 브랜드이미지 컨설팅업체인 Coben & Wolfe사에서 8개국(호주, 브라질, 중국, 프랑스, 독일, 인도, 미국, 영국) 9,000명의 소비자를 대상으로 친환경 상품에 대한 소비자 인식을 조사한 결과 60%가 친환경 기업의 제품을 구매할 것이라고 응답하였다.[4]

기업 그린IT 발전단계 및 추진방안

페체이 박사가 로마클럽을 창설하고 1972년 "성장의 한계"를 발표하였으며, 1984년 사망하기까지 "인간과 자연"을 발표하여 화석연료 위주의 고도성장에 대한 염려와 인구증가와 자연자원의 고갈, 자연과의 화해, 지속가능한 발전에 대하여 전 인류가 너무 늦기 전에 관심과 대책을 세울 것을 주창한지 40여년이 지나 이제 그린혁명은 국가와 기업 및 전 국민의 법적 의무사항이 되었으며, 변곡점을 지나는 정보혁명

---

4) 국제무역원[그린세대-자연이 답이다(2012), p.7]

의 2012년 키워드는 친환경 경영을 위한 "그린IT"이다.

그린IT는 지구환경을 보호하는 차원에서 친환경적인 성격을 갖는 IT 기기나 IT기술을 뜻하며, 자연공해나 산업화에 따른 생태계오염을 IT기술로 예방한다는 뜻도 내포하고 있다.

그린IT는 인류와 지구 그리고 수익에 그 목적을 둔다. 미국 IT시장 조사기관인 가트너는 "IT 10대 전략기술"의 첫 번째로 그린IT를 제시하면서 그린IT는 환경을 파괴하지 않고 IT기술을 활용해 자연환경 보존에 보탬이 되는 것이라고 정의한 바 있다.[5]

글로벌기업의 경우 97%가 그린IT 전략을 논의하고 그 중 45%가 실행하고 있으나 전국경제인연합회와 연세대학교 IT Innovation 연구센터 공동주관으로, 국내기업의 Green IT 인식과 현황분석을 위하여, 2009. 8. 실시한 Green IT Korea Survey(대기업 이상 총 100개 기업의 과장급 이상 IT 담당자를 대상으로 수행됨) 결과 국내기업의 그린IT 전략실행 수준은 16%로 해외 글로벌 기업에 비하여 매우 낮은 수준이다.

국제환경보호단체 그린피스는 2012. 4. 17. 연례보고서를 통해 애플이 미국 노스캐롤라이나주에 설치한 대규모 데이터센터를 가동하는데 화석에너지를 사용하고 있다며 이 센터를 2년 연속 "가장 더러운 시설"로 선정했다. 애플은 그린피스가 보고한 수치가 잘못됐다며 즉각 반박했지만, 이것은 신재생에너지 등을 이용한 기업의 그린IT 실행이 기업의 생존에 영향을 미치는 것임을 보여주는 단적인 예라고 볼 수 있다.

기업 그린IT는 발전단계에 따라, 1단계 IT부문 녹색화, 2단계 IT를 통한 비즈니스 녹색화, 3단계 IT기반 신그린 비즈니스 창출의 단계로 발전해 나간다.

---

5) 월간 유비쿼터스(2009.12월호)

가. 기업 Green IT 발전 3단계별 우선 추진순위

* 자료 : IT Innovation 연구센터 및 전국경제인연합회(2009. 8월, Green IT Korea Survey)

IT Innovation 연구센터에 따르면 지속가능성, 녹색성장으로 나아가기 위한 기업의 그린IT는 3단계를 거치며,

- 1단계 IT부분 녹색화(Green of IT) : IT 자체를 친환경적으로 운영하는 것으로 IT 자원의 도입, 사용, 폐기의 전 과정에서의 친환경적 IT운영을 제고하는 것

  ex) 친환경 데이터센터 구축, 친환경 IT제품 구매, IT기기 전원 관리 등

- 2단계 IT를 통한 비즈니스 녹색화(Green by IT) : IT기술을 활용하여 환경을 보호하는 방법으로 기업을 운영하는 것으로 기업 전사차원의 에너지 효율성 제고 및 저탄소 경영을 확립하고 기존에 수행하던 프로세스를 친환경적으로 개선하는 것

  ※ IT를 통한 탄소배출량 관리, 환경규제 준수를 위한 유해관리 시스템 도입, paperless 환경 구축 등

- 3단계 IT기반 新그린비즈니스 창출(New Green Biz) : IT와 Green Tech의 융합을 통해 신규사업영역을 발굴하거나 IT를 적용하여 비즈니

스 모델(제품, 서비스 등)을 친환경적으로 차별화하여 시장을 확대
하고 수익을 창출하는 것
※ 친환경 그린카, 신재생에너지, 저탄소식품, Bio Plastic, 탄소배
　출권거래 등

나. 기업 Green IT 추진방안

기업이 그린IT를 추진하는 것에는 데이터센터 전력효율화처럼 대규
모 투자만이 그린IT의 전부는 아니다. 기업의 전력 소모를 줄이기 위한
작은 실천에서부터 그린IT에 접근할 수 있다. 기업이 추진할 수 있는
크고 작은 그린IT 추진전략을 그린IT 발전단계별로 정리하면 다음과
같다.

(1) 1단계 : IT부문 녹색화(Green of IT) 실천전략

IT부문의 녹색화(Green of IT)는 IT 자체를 친환경적으로 운영하기
위해 IT자원의 도입, 사용, 폐기 전 과정을 그린화하는 것으로 에너지
효율적 · 친환경적 IT자원 도입, 친환경적인 운영 및 사용, 폐기단계의
재활용 방안까지 IT제품 전체 라이프사이클상에서의 포괄적인 접근이
고려되어야 한다.

① 에너지 효율을 고려한 IT 제품을 도입하라.
　－ IT자산의 에너지 소비를 절감하는 방법 중 가장 쉬운 방법은 IT
　　제품 및 서비스의 선택 단계부터 전력절감형 기종을 도입하는
　　것으로 도입 초기부터 전력소모량을 파악해 저전력 제품 위주
　　로 도입하는 방안이다.

② 노후화된 IT자산을 교체하라.
　－ 아직도 예전의 CRT 모니터를 계속해서 사용하고 있다면, LCD

모니터로 바꿀 경우 약 70%의 에너지 사용을 줄일 수 있다. 일반적으로 신제품의 경우 구제품보다 소비 전력이 낮기 때문에 기존 노후화된 시스템은 더 이상 미련을 두지말고 저전력시스템으로 교체하여야 한다.

③ IT기기 전원관리(에너지 절약운동)를 즉시 실시하라.

- 비록 작은 실천일지라도 기업 내에서 단기간에 실천가능한 IT기기에 대한 에너지 절약 실천 리스트를 개발하고 이를 전사적으로 확산하여 추진한다.

※ 친환경 에너지 절약 실천 리스트 예시 : 스크린 세이버 삭제, PC/노트북 절전모드 설정, 모니터 대기모드 설정, 근무외 시간 전원 끄기, 대기전력 차단, 프린터 절전모드 설정, 양면 인쇄 및 2단 인쇄, 재생용지 사용, 사용하지 않는 주변기기 끄기, 불필요한 사양 제거 등

④ IT자산 통합 및 가상화를 추진하라.

- 물리적으로 분산된 서버, 스토리지, 사무기기 통합을 통한 IT기기 및 장비 감축은 다른 어떤 기술 혹은 정책적 조치보다 눈에 띄는 비용절감과 관리효율성의 이점을 얻을 수 있다.
- 특히, 가상화는 최근 컴퓨팅 환경에서 눈에 띄게 빠른 속도로 확산되는 분야 중 하나로 하나의 물리적인 서버 위에 여러 대의 논리적인 서버를 적용할 수 있도록 하여 물리적으로 서버의 수를 줄여 에너지 사용을 줄일 수 있다.

⑤ 그린 데이터센터를 추진하라.

- 최근 데이터센터가 전기를 먹는 하마로 부상하면서 데이터센터에 대한 에너지 효율화, 그린 데이터센터의 구축에 대한 요구가 증가하고 있다.
- 그린 데이터센터의 구축은 꼭 서버·애플리케이션 통합이나 가

상화 기술과 같은 대규모 예산 투입이 아니더라도 Floor 구조개
선 및 배선 정리, 외부 공기의 유입, 온도센서 설치, 온기 · 냉기
통로 개선, 서버 재배치 등 신규 그린 데이터센터 구축과 동등
한 비용절감 효과를 거둘 수 있는 상대적으로 손쉽고 효과적인
방법들에 대한 고려도 필요하다.

⑥ IT자산 전력사용량 모니터링을 실시하라.
– 데이터센터 및 IT인프라 환경을 운영할 경우 소요되는 전력량,
발열량 및 냉각시스템의 현황을 분석하고 개선점을 도출해 에
너지 효율성을 높이고 증가하는 에너지 소비에 대하여 효율적
인 대처방안을 수립한다.

⑦ IT자산 폐기단계에서 재활용 방안을 강구하라.
– IT기기와 같은 폐기물은 환경에 심각한 문제를 야기할 수 있으
므로 기업은 쓸모없는 IT기기에 대해 재사용, 재단장, 재활용을
통해 친환경적으로 관리될 수 있도록 노력이 필요하다.

(2) 2단계 : IT를 통한 비즈니스 녹색화(Green by IT) 실천방안

IT를 통한 비즈니스 녹색화(Green by IT)는 IT기술을 활용하여 환경
을 보호하는 방법으로 기업을 운영하기 위해 업무환경 전반의 온실가
스발생 저감활동, 구매, 생산, 물류정보시스템에 이르는 전 Value Chain
상에서의 온실가스발생 저감활동, 각종 국내외 환경규제에 대한 대응
등을 위한 방안이 고려되어야 한다.

① 영상회의 및 원격협업 환경을 구축하라.
– 인터넷 기반의 사이버 회의는 직원들의 물리적인 이동에 따른
시간을 단축함으로써 비용절감, 업무효율화 향상, 탄소배출 감
축의 효과를 가져올 수 있다.

영상회의시스템은 탄소배출 저감을 위해 최근 도입이 활성화되고 있으며, 특히 해외지사 출장이 잦은 제조·유통기업의 경우 영상회의의 도입에 적극적이다.

② 전자문서화를 통한 페이퍼리스 업무환경을 구축하라.
 - IT인프라와 결재가 접목된 전자문서 등 종이문서 대체는 비용 절감 및 생산성 향상과 함께 CO_2 배출을 줄이는 그린효과를 발생시켜 그린IT 추진을 위한 핵심과제로 각광받고 있다.
 - 문서의 작성, 편집, 확인, 배송 등 전 과정에서 종이로 출력된 형태가 아닌 디지털로 전환하는 것에 대한 노력이 필요하다.

③ 재택근무를 위한 모바일 오피스 환경을 구현하라.
 - 가급적 많은 수의 직원들이 재택근무를 하게 되면 사무실 면적 절감, 냉난방 비용절감, 컴퓨터 수 절감, 직원들의 이동감소 등을 통해 비용절감과 동시에 에너지 사용 및 탄소배출 절감의 효과를 얻을 수 있다.

④ 그린빌딩 기술을 적용하라.
 - 건물의 조명, 냉난방, 공조시스템, 단열, 지붕, 창문개선 등 건물에서 에너지 절약과 이용효율화를 합리화하기 위한 노력이 필요하다.
 - 스마트 빌딩과 같은 기술 활용으로 건물에 센서를 사용하여 에너지 효율을 높이고 에너지 사용을 적절한 필요량에 맞추도록 통제할 수 있다.

⑤ 전사적인 탄소배출량(Carbon Footprint)을 측정 및 관리하라.
 - 탄소배출량 통제, 탄소세, 배출권거래제도, 탄소정보공개 등 온실가스 감축을 위한 규제 압력이 높아지고 있는 시점에서 IT를 통해 업무프로세스상에서 발생되는 탄소발자국 요인을 파악하

고 이를 줄이기 위한 노력의 중요성이 높아지고 있다.
- 전사차원에서 탄소배출량 측정, 온실가스정보 인벤토리 구축 등을 통해 지속적인 탄소현황을 모니터링하고 이를 바탕으로 실제적인 개선활동 수행이 이루어져야 한다.
- 조직 업무프로세스 전반의 CO_2를 추적하고 개선할 수 있도록 탄소거버넌스체계(탄소배출량 기준)의 정립이 필요하며 더 나아가 이해관계자들과 기업의 프로세스를 통합하여 공급망상에서도 CO_2 배출량을 최적화하기 위한 노력이 필요하다.

⑥ 제품에 대한 유해물질을 관리하라.
- 생산에서의 유해물질 저사용 방안은 IT를 통해 제품이나 생산 공정상에서 유해물질 및 유해한 화학물질 사용을 억제하는 것이다.
- 제품의 유해물질 관리는 제품의 생산뿐만 아니라 제품 사용자에게 발생할 수 있는 영향 및 폐기단계에서 발생할 수 있는 부정적인 환경 영향을 줄이기 위해 노력하여야 하며 기업 내부뿐만 아니라 원자재를 공급하는 협력회사의 부품에까지 확대하는 노력이 필요하다.

⑦ 현장의 폐기물 유형과 배출량을 관리하라.
- 생산 또는 사업현장에서 발생하는 폐기물의 유형과 배출량을 IT를 통해 관리해 체계적으로 통제하는 노력이 필요하다.

⑧ 신재생에너지 사용비율을 높여라.
- 신재생에너지란 일반적으로 화석연료를 사용하는 것을 대체하는 에너지 자원을 말하며 최근 선도기업을 중심으로 태양, 풍력, 바이오매스 등 신재생에너지 사용비율을 높이기 위한 노력이 계속되고 있다.

(3) 3단계 : IT기반 新그린비즈니스 창출(New Green Biz) 실천방안

IT기반 新그린비즈니스 창출(New Green Biz)은 IT기술을 활용하여 기존 비즈니스모델을 친환경적으로 바꾸거나 IT, 그린기술 융합을 통한 신규 친환경 비즈니스모델 창출 등을 통해 신규 수익을 창출하고 지속적인 그린 브랜드화를 위한 방안을 고려하는 것이다.

① 친환경 R&D를 통한 제품 및 서비스 자체를 그린화하라.
- 세계 환경규제 대응 및 변화하는 소비자의 요구에 부응하기 위해서는 기업에서 제공하는 제품 및 서비스에 대한 그린화로 기업의 이윤을 증가시켜야 한다.
- 제품개발과정에서부터 환경성을 고려한 친환경 R&D를 통해 블루오션 제품을 개발하고, 제품 자체뿐만 아니라 제품사용 및 폐기과정에서 연쇄적 환경영향을 최소화시킬 수 있도록 설계되어야 한다.
- ※ 소비자들은 기업의 환경보호활동으로 친환경 제품 및 서비스 확대를 가장 중요시하고, 사회공헌활동, 기업 내부 에너지 절감도 필요하다고 인식하고 있다(자료 : KT 경제경영연구소, 2009)

② 새로운 그린사업 기회를 창출하라.
- 환경산업은 향후 성장세가 유명한 "미래핵심산업"으로 사업기회를 모색하기에 적합하다. 매년 높은 성장세를 유지하고 있는 친환경상품 및 서비스, 배출권거래, 온실가스 감축사업(CDM ; Clean Development Mechanism), 신재생에너지, 물산업, 해수 담수화 사업 등 다양한 환경산업에 대한 사업 기회 창출 모색이 필요하다.

③ 그린브랜딩化에 주력하라.
- 기업들은 환경을 '보전'의 의미에서 벗어나 철저한 비즈니스 전

략을 기반으로 환경 브랜딩화에 주력해야 한다.

- 일반 대중에게 기업의 친환경이미지를 홍보하고, 환경이슈에 대한 대중과의 커뮤니케이션 프로그램을 개발하는 등 적극적 친환경 커뮤니케이션 전략을 촉진한다.

2. 로마클럽의 "성장의 한계"를 다시 생각한다

1968년 이탈리아의 아우렐리오 페체이의 주도로 결성된 로마클럽은 1972년 MIT의 메도스를 중심으로 한 연구진에 의해서 집필된 제1 보고서 "성장의 한계"를 발표하였고 제2 보고서는 "전환기에 선 인류"이다.

로마클럽 보고서는 인구, 식량자원, 천연자원, 산업발전, 오염이라는 다섯 가지 요소를 기반으로 1900년부터 1970년까지의 인구, 식량, 산업생산, 오염, 그리고 재생할 수 없는 에너지의 추이를 미래예측 시뮬레이션 모델로 추이를 예측한 것이다.

이러한 보고서에서 로마클럽은 인류의 장래에 대하여

첫째, 만일 현재처럼 인구문제, 공업화, 오염, 식량생산 및 자원의 소모를 수반하는 경제성장이 지속된다면 앞으로 1백년 이내에 지구 위에서 성장은 한계에 도달할 것이다.

둘째, 이같은 성장의 추세를 수정하여 더 오래 지속할 수 있는 생태학적·경제적 안정을 추구할 수도 있다. 이를 위해서는 인간의 기본적인 물질적 수요가 충족되고 각자가 자신의 능력을 최대한 발휘할 수 있도록 균등한 기회를 주는 이른바 균형상태가 실현되어야 한다.

셋째, 만약 인류가 둘째의 균형에 이르기를 원한다면 빨리 시작할수록 성공의 가능성이 커진다.

인류가 파멸을 회피하기 위한 대책으로는

첫째, 균형상태의 회복을 위한 계획이 마련되어야 한다. 균형은 자동적으로 이루어지는 것이 아니고 인구억제, 자본투자율과 감모율의 저하, 자원낭비 제거와 같은 적절한 조치가 마련되어야 한다.

둘째, 국제적인 분쟁을 지양하고 상호 협조체제가 구축되어야 한다. 경제, 정치, 문화 등 모든 면에서 협조체제가 마련되어야 한다.

셋째, 협조체제를 이끌어갈 수 있는 범세계적인 기구가 마련되어야 한다. 이상과 같은 대책의 구체적인 조건이 1976년 로마클럽 제3보고서에서 제시되었다. 제3보고서에서는 세계권력 및 경제구조의 대폭적인 변화가 이루어져야 한다고 주장하였다. "성장의 한계" 발표 후, 그레이엄 터너는 2008년도에 1970년부터 2000년까지 30년간의 데이터를 로마클럽의 시뮬레이션 데이터와 비교하여 지난 30년간의 예측이 맞았는지 검증하고 "성장의 한계, 30년 뒤의 평가" 보고서를 발표하여 로마클럽의 시뮬레이션 예측모델이 맞았음을 인정하였다.

▎로마클럽의 성장의 한계 시뮬레이션 결과 ▎

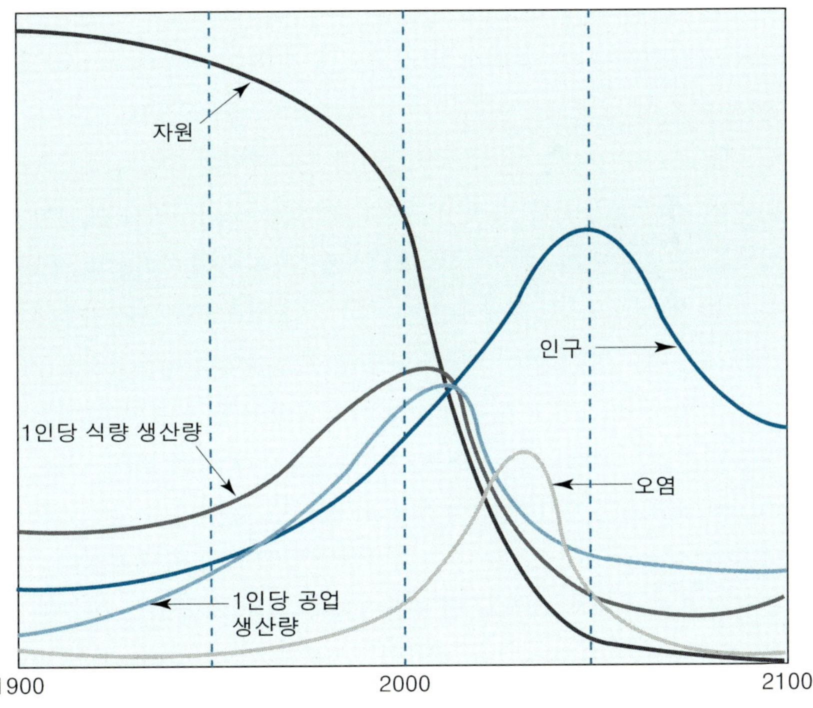

* 자료 : 서울 G20정상회의 2010(2010.11.11)

터너의 검증결과 2100년까지 사회를 변화시킬 5가지 핵심요소인 인구, 식량자원, 천연자원, 산업발전, 오염의 궤적을 따라가면서 예측한 결과 현재와 같은 현상이 유지, 개선, 개혁이라는 3가지 가정 중에서 첫 번째 시나리오인 인류의 무자비한 소비가 자원고갈과 오염증가로 이어져 21세기의 세계는 파열되고 붕괴된다는 시나리오가 가장 현실과 닮은 것으로 나타났다. 지난 30년 동안 벌어진 현실은 전기사용량의 증가, 식량부족, 에너지 고갈, 오염증가의 첫 번째 시나리오의 예측이 맞았음을 우리에게 알려주고 있다.

두 번째 시나리오는 생산물 중 75%를 재생하고, 오염의 25%를 줄이며 농촌을 보호하고, 산아제한 정책을 실시할 경우 붕괴는 지연되며 세 번째 시나리오는 인류의 소비생활을 획기적으로 줄이고 오염을 막는 혁신적인 기술이 등장할 경우 붕괴시기는 더욱 지연되는 것이지만, 현실은 두 번째, 세 번째 시나리오를 따라가지 않은 것으로 나타났다.

터너는 보고서에서 "소비를 즉각적으로 줄이고 오염문제를 해결할 수 있는 기술을 개발하지 않는다면 로마클럽이 예견한 대로 21세기 중반에 인류사회의 붕괴는 현실화할 것이다."고 하였다.[6]

1967년 앨빈 토플러와 함께 미래협회를 만들어 미래학을 개척한 짐 데이토는 과거와 달리 이제는 하나의 미래시나리오를 쳐다보며 맹목적으로 따라갈 수 없으며, 과거에는 하나의 시나리오도 아주 기가 막히게 적중했지만 지금은 자살행위와 다름이 없고 교육이나 정부기관을 비롯한 모든 기관은 이제부터 한편으로 이미지사회인 꿈의 사회를, 다른 한편으로는 신농업사회와 생존사회를 준비하여야 한다고 주장하고 있다.

1820년 세계인구가 10억명이었으나, 2011년 70억명에 도달했으며, 2050년엔 94억명, 금세기 말에는 100억명에 달할 것으로 예측된다.

로마클럽을 창시한 페체이 박사는 외부자원은 한정되어 있지만 인간의 내적 자원은 무한하므로, 인간의 그 내적 자원을 이끌어내는 것이

---

6) 신동아(2009. 3월호) 재구성

인간혁명이라고 하였다.

"길을 잃으면 원점으로 돌아가라.

온갖 차원의 혁명도 인간혁명으로 영원히 지속할 수 있다.

합시다! 다음 세대를 위하여! 더 늦기 전에!"

라고 1984년 사망하기 전까지 늘 외치고 다녔다.

우리나라는 1962년 제1차 경제개발 5개년 계획을 시작할 당시 국민소득 87달러에 불과하였다. 1966년까지 연평균 성장률은 7.88%였으며, 1967~1971년 제2차 경제개발 5개년 기간 동안 연평균 9.74% 성장하였으나, 1992~2003년까지 연평균 5.55% 성장하였고, 2004~2011년까지 연평균 성장률은 2.77%로서 성장률이 점차로 감소하고 있다.

2000년대 미국과 유럽, 일본의 성장률을 살펴보면

	세계	미국	영국	이태리	일본
● 1992~2003년까지 연평균 성장률	–	2.3	2.97	1.36	0.98
● 2004~2011년까지 연평균 성장률	2.67	1.59	1.13	0	0.54

세계유가는 1971년 1차 오일쇼크 당시 배럴당 3달러에서 11.65달러로 인상되고 제2차 오일쇼크 후, 37달러까지 오른 후, 2008년 국제유가가 배럴당 147달러에 도달하였으며, 2012년에도 원유가는 세자릿수를 유지할 것으로 전망되고 있다. 유가가 오르는 이유는 여러 가지 요인이 있겠으나, 산유국의 생산여력의 고갈이 원인인 것은 부인할 수 없는 사실이다.

김중수 한국은행 총재는 "한국경제는 중장기적으로 출산율 하락과 인구고령화로 저성장시대에 진입했다."고 말했다.[7]

---

7) 중앙일보(2012.4.20)

　박재완 기획재정부장관도 "한국경제가 2012년 저성장기에 진입하여 2016년까지 연평균 3.2%의 저성장을 이어갈 것"으로 전망했다.[8]

　세계경제가 함께 불황과 저성장, 성장의 한계에 직면하여 미국경제는 회복이 더디고 유럽은 여러나라의 이해관계가 얽혀 유로존 재정위기가 언제까지 갈지 모르는 실정이며, 중국은 경제가 경착륙의 가능성이 제기되고 있는 것이 현재 세계경제의 현주소라고 할 수 있다.

8) 연합뉴스(2012.4.22)

Chapter 4

인류의 발전을 이끌어온 사회적 기술

강철규는 "소셜 테크노믹스"에서 10여년에 걸쳐 150여개국을 대상으로 연구한 결과 실제경험과 실증적 분석의 결과를 토대로 얻게 된 한 가지 확실한 결론은 좋은 사회적 기술이 경제성장을 촉진할 뿐만 아니라 역사발전을 이끌어 왔다고 하였다.[1]

다니엘 벨은 일반적으로 인간의 역사는 통신매체의 발달에 따라 몇차례의 획기적인 커뮤니케이션 혁명을 경험해 왔으며 이를 ① 말(Speech)의 발명, ② 글(Writing)의 발명, ③ 인쇄(Printing)의 발명 ④ 원격통신(Tele Communication)의 발명의 네 단계로 구분하여 〈말〉은 집단적인 수렵채취생활에 중추적인 커뮤니케이션의 수단이 되었고 〈글〉은 농경사회에서 최초의 도시를 성립시키는 근거가 되었으며 〈인쇄술〉은 산업사회로 이끄는 근거가 되었다. 또한 〈원격통신〉은 정보사회의 토대가 된다고 하였다. 인류사회의 발전과정을 보면 사회를 근본적으로 변혁시키는 혁신적인 기술군이 존재하였다. 이러한 혁신적인 기술군을 총칭해서 사회적 기술이라고 하며, 여기서는 수렵기술, 농업기술, 공업기술, 정보기술로 구분하여 이야기하고자 한다. 사회적 기술은 시스템의 혁신이 사회변천의 추진력이 되어왔다. 이러한 사회적 기술에는 4가지 특징이 있다.[2]

(1) 수많은 종류의 혁신적 기술이 하나의 복합기술시스템을 구성한다.

(2) 이 복합기술시스템은 점차 퍼져 정립된다.

(3) 그 결과 새로운 형태의 생산성이 빠른 속도로 팽창한다.

(4) 이 새로운 형태의 생산성이 사회변혁을 주도적으로 촉진해 나가는 것이다.

---

1) 강철규(소셜 테크노믹스, 2011, p.37)
2) 손민익(미래 정보화사회와 전기통신정책에 관한 연구, 연세대학교, 1987)

1. 다니엘 벨의 관점에서 본 사회적 변혁

언어의 발달과 제1의 물결(농업혁명)

인류의 조상이 언제부터 출현했는지는 확실하지 않다. 그러나 지금부터 약 1500만년 전에 살았던 라마피테쿠스(Ramapithecus)가 그 시조라고 학자들은 추측하고 있다. 이 라마피테쿠스의 뒤를 이어 호모 하빌리스(Homo Habilis), 북경원인(Homo Erectus Pekinensis), 네안데르탈인(Neanderthalensis), 크로마뇽인(Cromagnon)들이 대를 이어 오늘의 현대인으로 발달해 왔다. 그러나 크로마뇽인의 출현 때까지는 언어 구사에 알맞은 성대구조를 획득하지 못했다. 약 3만5천년 전부터 언어형태로 발달한 인류의 언어소통은 엄청난 통신능력과 문화의 발달을 가져오게 되었다. 그리하여 크로마뇽인은 이미 동굴 속에 훌륭한 벽화를 남겼고, 원시농업기술을 발전시켜 나갔다. 그리하여 지금부터 약 1만년 전에는 농사짓는 법을 완성시켜 놓았다. 이것이 수렵·채취시대로부터 농업화시대로의 변혁인 제1의 물결(First Wave), 즉 농업혁명이었던 것이다. 농업혁명에 의해 떠돌이 수렵·채집생활에서 정착생활로 옮겨간 인류는 곡식의 저장법을 배웠고, 기나긴 겨울에는 사고를 위한 시간적·심리적 여유를 갖게 되었다. 그 여유가 문화를 형성하게 되었던 것이다. 그리고 5000~6000년이 지나서 인류는 드디어 문자까지도 발명해 내었다. 그리고 이어 죽간·점토판·양피지·붓 등 필기도구를 발명해 냈으며, 또 목판인쇄도 발명해 낸다. 책이라는 기록체가 발명된 것이다. 문화나 책은 공간이나 시간을 넘어 멀리 있는 사람이나 먼 미래사람 또는 과거사람들과 통신을 가능하게 해줌으로써 인류문화를 크게 발전시켰다. 그리고 약 560년 전에 구텐베르크가 활자인쇄술을 발명하여 대량의 책이나 신문을 발간하여 지식보급에 큰 공을 세웠다. 이런 구텐베르크의 활자인쇄로 책이 보급된 결과 종교개혁과 산업혁명이 촉발되기도 하였다. 타임은 지난 1천년간 인류역사에 가장 영향을 미친 발명으로 구텐베르크의 금속활자를 선정했다.

인쇄술과 제2의 물결(산업혁명)

예컨대 1543년 코페르니쿠스는 지동설적 우주체계를 논한 「천구의 회전에 관하여 : De Revolutionbus Orbium Coelestium」란 책을 폴란드에서 출간한다. 멀리 이탈리아에서 이 책을 읽은 갈릴레오 갈릴레이는 이 책의 내용에 심취한다. 그는 그가 직접 만든 망원경으로 달과 목성과 목성의 네 위성들을 관측하고, 역학법칙과 지동설의 이론은 지구위 뿐만 아니라 달이나 목성이라는 천상의 세계에서도 적용됨을 알게 된다. 갈릴레이는 그가 발견한 지동설에 관한 여러 증거와, 또 관성의 법칙 등을 「세계의 2대체계 대화, 1619년」 및 「신과학대화, 1636년」란 책에 담아 출판하였다. 한편, 멀리 영국 캠브리지에 있던 뉴톤은 갈릴레이의 이 책과 1609년에서 1621년 사이에 출간된 케플러의 천문학에 관한 여러 책들을 읽고, 자신의 연구결과를 저 유명한 「프린키피아」라는 대저서 안에 담고 있으며, 1687년에 발간된 이 「프린키피아」가 전 유럽에 보급되는 데 따라 그의 역학이론은 갖가지 역학기술 발전에 기여를 하였다. 물론 제임스 와트의 증기기관(1765년 완성)이나 리차드 아크라이트경의 수력방적기의 발명(1768년)도 그 중의 하나이다. 그리고 이 두 발명이 산업혁명의 방아쇠 역할을 했다는 것은 누구나 다 잘 아는 바이다. 이렇게 본다면 결국 농업사회에서 공업사회로의 전환을 유발한 제2의 물결, 즉 소위 산업혁명의 원인은 구텐베르크의 인쇄술에 있었던 것이며, 구텐베르크의 인쇄술에 의한 성서 및 종교서적의 대량출판 및 보급이 종교혁명을 이끌었다는 것도 우리는 쉽게 이해할 수가 있다.

정보통신혁명과 제3의 물결(정보혁명)

인류문화의 제3의 혁명인 정보혁명(제3의 물결)은 정보통신에 그 원인이 있다. 1843년 모르스에 의해 실용화된 전신기술은 미국의 서부개척에 있어 철도부설 만큼이나 큰 역할을 했다. 머나먼 곳까지 눈깜짝할 사이에 소식을 전해주는 이 전신기술은 새로운 시대의 도착을 예언해 주는 기술이었다.

전신기술에 이어 1876년에는 벨이 전화를 발명하여 오늘날의 지식정보시대를 향한 또 한발자국의 발전을 촉진시켜 준다. 그리고 가속화된 정보통신기술은 1895년에는 마르코니에 의한 무선통신법 발명에 의해 더 한층 도약을 한다. 이 무선통신기술은 플래밍의 2극 진공관(1904년), 미국의 포레스트가 3극 진공관(1906년)을 발명하여 고도로 발달한 라디오, TV, 무선통신, 레이더, 마이크로 통신, 에니악(ENIAC)으로 대표되는 제1세대 컴퓨터 등으로 발전되어 왔다. 또 1948년에는 전자혁명을 가져온 쇼클리의 트랜지스터가 발명되어 갓 생겨난 컴퓨터의 기능을 단숨에 수천 배 또는 수만 배로 늘려, 정보혁명의 또 하나의 주역이 되었다. 트랜지스터의 발명에 의해 급격히 빨라진 전자기술은 통신위성, 컴퓨터 기술과 더불어 새로운 시대로의 혁명을 준비했으며, 1세대 진공관, 2세대 트랜지스터, 3세대 집적회로(IC), 4세대 고밀도집적회로(LSI)로 발전되어 나갔다.

1948년 폰노이만이 메모리에 프로그램을 저장하는 최초의 현대식 컴퓨터 IBM SSEC를 발명하고, 통신혁명을 가져온 옥스퍼드 출신의 엔지니어 팀 버스너리가 오늘날의 인터넷인 "월드 와이드 웹(WWW)"을 창안하고부터 정보혁명은 거센 폭풍의 물결이 되었다. 1997년 타임지와의 회견에서 그는 "인터넷의 숨막힐 듯한 발전이 기쁘다. 웹의 발전은 모든 꿈꾸는 자에게 교훈이 된다. 우리는 꿈꿀 수 있고, 그 꿈은 실현된다는 교훈을 우리는 지금 보고 있다."고 말했다.

다니엘 벨은 그의 저서 「후기산업사회의 도래(1973)」에서 농업사회와 산업사회가 지나면 정보와 기술, 과학의 가치가 높아지는 "후기산업사회"가 등장한다고 전망하였다. 이것은 도시화, 인구밀집 등 산업사회의 모습을 해결하기 위한 필수과정이며, 모든 사회문제의 해결수단은 지식과 정보로써, 가장 중요한 재화와 수단, 자원이 될 것이라고 하였다.

다니엘 벨은 경제부문에서 재화생산 중심의 기계기술이 서비스와 지식기술 중심으로 전환된다고 하였다. 미국은 1970년대에 고용인구의 65%가 서비스업, 30%가 제조 및 건설 등에, 5%가 농업에 종사하였으나, 1990년 미국에서 고용인구의 78.6%가 서비스업에 종사하였으며, 농업부문에 2.8%가 종사하였으나, 현재 미국은 82%가 서비스업에 종사하고 있다.

다니엘 벨은 탈산업사회가 매우 미래지향적이고 공동체지향적 일 것이라고 하였다. 그는 원격통신과 컴퓨터 자료처리 기술의 결합으로 "컴퓨니케이션"이라고 명명한 사회가 도래할 것이라고 전망하였다.

▌다니엘 벨의 후기산업사회 ▌

	산업사회 이전	산업사회	후기산업사회
경제 부문	제1차 : 농업, 광업, 어업, 임업, 석유ㆍ가스	제2차 : 재화생산, 제조업, 내구재, 비내구재, 대규모 건설	제3차 : 서비스, 수송, 공익사업 제4차 : 무역, 재무, 보험, 부동산 제5차 : 보건ㆍ교육, 연구ㆍ정부, 레크리에이션
자원의 변형	자연력 : 바람, 물, 가축, 인력	인공에너지 : 원자력, 전기, 석유, 가스, 석탄	정보 : 컴퓨터 및 자료 전송 시스템
전략적 자원	자연자원	자본	지식
기술	수공업	기계기술	지식기술
기능 요소	직공, 농부, 수공업 노동자	미숙련 노동자, 기술자	과학자, 기술적ㆍ전문적 직업
시간적 전망	과거지향	임기응변적 적응성, 실험	미래지향 : 예측과 계획
기축 원리	전통주의	경제성장	이론적 지식의 집대성

* 자료 : Bell(1987:15) 재구성

다니엘 벨은 후기산업사회의 서비스업을 4가지 집단으로 분류했다.

- 제1집단 : 청소부, 세탁소, 미용실과 같은 개인적 서비스
- 제2집단 : 금융, 보험, 부동산과 같은 기업적 서비스
- 제3집단 : 운수, 통신, 설비업
- 제4집단 : 의료, 교육 등 인간적 서비스와 연구, 정부 등 전문적 서비스

　이 중 제4집단이 후기산업사회를 이끌어갈 대표적인 산업이며, 새로운 이론적 지식계층의 확장을 나타내 주는 것으로 보았다.

　정보혁명의 거센 물결에 따라, 우리는 언제 지식정보사회에 진입하였을까? 그리고 우리는 어떻게 지식정보사회의 한복판에 진입하였음을 인식할 수 있을까?

　이상과 같은 정보혁명의 물결이 도래함에 따라, 미국은 대체로 1955년경에, 일본에서는 1971년경에 제3의 정보혁명의 물결이 일기 시작했고, 두 나라는 이 시기에 지식정보사회에 진입하였다. 그리고 한국은 1993년경에 지식정보사회에 진입하였다고 본다.

2. 지식정보사회의 사회적 기술

　인류문명의 발전과정에는 크게 3가지 사회적 기술이 존재했다고 할 수 있다. 앨빈 토플러가 이야기한 제1의 물결, 제2의 물결, 제3의 물결이 의미하는 바와 같이 인류역사의 기술혁신과정은 지금까지의 수렵기술, 농업기술, 공업기술, 정보혁명의 사회적 기술인 정보기술의 혁신과정을 거쳐 왔다고 볼 수 있다.

┃ 인류의 발전을 이끌어온 사회적 기술 ┃

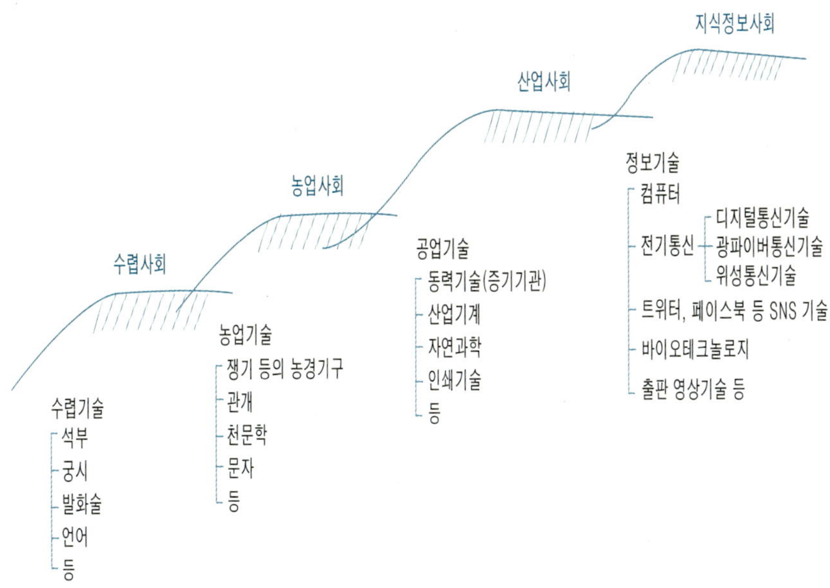

* 자료 : 일본 경제기획청(1985, 정보사회의 국민생활 p.6) 재구성
* 지식정보사회의 사회적 기술은 정보기술임을 필자가 추가하여 그림으로 나타내었으며, 그림에 언급된 주요한 정보기술은 필자의 견해를 간략하게 예시한 것

수렵기술과 수렵사회

　수렵사회를 형성하는 사회적 기술은 돌도끼, 활, 창, 발화술, 언어 등을 들 수 있다. 이 가운데 중추적인 기술은 돌도끼 및 언어인데 돌도끼는 인류 최초의 도구로써 이것으로 활과 창을 만들어 수렵에 사용함으로써 필요한 물자를 얻을 수 있었다. 또 언어를 거침으로써 엄청난 통신능력의 발달과 문화의 발전을 가져왔다. 이리하여 여러 가지 수렵기술이 종합화되고 사회적 기술로써의 수렵기술이 형성되었다.

농업기술과 농업사회

　수렵사회가 상당히 지속된 후 사회적 기술로서 농업기술이 출현했다. 문명이란 것을 사람들이 먹고사는 문제에 대한 독특한 행동양식이라 본다면 결국 그것은 사회가 이루어온 생산력의 결과로 성취된 것 중 지금까지 살아남은 것이라 할 수 있다. 인간은 농경이란 생활양식을 신석기시대에 시작함으로써 비로소 인간으로서의 역사에 등장하기 시작했다. 그것은 농경이란 생활양식이 생산력의 급격한 향상을 이루어 산업혁명을 야기했으며 그 결과로 잉여생산물이 생기고 그것은 사람들로 하여금 문화를 만들어 나갈 수 있는 기반을 제공한 것이라 볼 수 있다. 농업혁명에 의해 떠돌이 수렵·채집생활에서 정착생활로 옮아간 인류는 곡식의 저장법을 배우고, 추수를 끝낸 다음에는 사고를 위한 시간적·심리적 여유를 갖게 된다. 이러한 여유가 문화를 형성하게 된 것이다. 농업기술이 사회에 정착되기 시작하면서 생산활동의 대상은 동물자원에서 곡물자원으로 확대되고 식물을 재배함으로써 인류는 식량을 늘 정기적으로 확보할 수 있게 되었다. 그 결과 대규모의 정착이 가능하게 되어 촌락이 형성되고 농업문명이라고 하는 최초의 문명이 번영하는 기초가 확립되었다. 이후의 역사는 결국 농업사회 내에서 생산력의 조그마한 변화에 따라, 인간이 그에 적응하기 위해 사회를 조금씩 변화시켜 나왔던 것이며, 결국은 석탄과 석유라는 화석 에너지의 이용이 세계를 근본적으로 변화시키게 된 것이다. 그리고 이는 산업혁명이라 명명하게 되었고 이에 인간들은 제2의 문명에 돌입하게 되고 이러한 변화된 문명 속에 속히 접근한 나라는 세계의 중심부가 되었고, 그에 관심을 갖지 못했거나 무지했던 지역은 주변부의 지위로 몰락함과 동시에 중심부 발전을 위한 착취지역으로 전락한 것이다. 전자의 예로서 영국을 들 수 있는데 영국은 산업혁명의 최첨단기수로서 온 세계를 제패하였던 것이다. 후자의 예로는 중국을 들 수 있는 바, 자타가 공인하는 제1의 문명에 빛나던 중국은 산업혁명이라는 제2의 문명에 슬기롭게 대처하지 못함으로써 지난날 사회·경제적 측면에서 150년이라는 세월 동안 심각한 역사적 지체현상을 겪었던 것이다.

공업기술과 산업사회

1851. 5. 1. 런던에서 빅토리아 여왕은 〈만국 산업작품 대전람회〉를 개최하였다. 최신기계의 경이적인 작품을 진열한 세계 최초 박람회인 이 국제적인 전시회에서 영국이 세계의 공장이라는 것이 명백히 증명되었다. 18세기 중엽부터 약 1세기에 걸쳐 영국에서 출현한 산업혁명은 1793년 미국의 엘리 휘트니의 〈조면기〉의 고안과 제임스 왓트의 증기기관의 발명을 포함한 기계의 발명이라는 과학기술의 발달과 응용을 바탕으로 공장제 생산을 가능하게 하였다.

산업혁명은 18세기에 비롯한 상호 관련성 있는 4개의 발전이 직접적으로 19세기의 산업혁명을 만들어냈다고 볼 수 있다. 즉, ① 동력으로 가동하는 기계의 생산과정에 대한 응용의 증대, ② 석탄, 철, 강철 등의 더욱 능률적인 생산, ③ 철도와 그 밖의 운수 및 통신의 빠른 방법의 건설, ④ 은행과 신용기관의 확장 등이다. 산업혁명은 1789년의 프랑스

혁명과 같은 정치적인 일대 동란 이상으로 중대한 변혁을 만들어내고 인류역사의 진행을 바꾼 거대한 변혁이었다. 이러한 산업혁명은 국제적인 교환을 자극하여 교통과 통신의 발달을 가져옴에 따라 국가와 국가 간의 더욱 긴밀한 관계가 형성되었으며, 이러한 유대점이 혁명의 파급효과를 더욱 크게 하였다. 통신기관도 또한 급진적인 개량이 진행되어왔다. 1840년 영국이 penny우편을 개시하였을 때 런던에서 에딘버러까지 편지를 발송하면 종전요금의 10%도 안 되는 1penny가 소요될 뿐이었다. 이보다 극적인 것은 전기를 초속통신에 이용한 것이었다. 〈처음〉이라는 감동적인 신호가 연속적으로 타전됨으로써 1844년 볼티모어와 워싱턴 사이의 최초의 전신은 시작되었다. 농업사회에서 공업사회로의 이행이 가져온 사회경제적인 변화는 인류의 역사에 있어서 미증유의 것이었다.

생산은 비약적으로 증대되고 생활의 질은 향상되었다. 그러나 다른 한편으로는 농민층의 분해로 인한 인구의 도시집중이나 생활환경의 파괴, 새로운 빈민층의 창출 등을 가져왔으며, 산업혁명을 계기로 지금까지의 농촌공동체는 공동체 내부의 자급자족체제가 해체되면서 붕괴되었다. 산업사회의 공업기술은 선진 공업국을 중심으로 성숙기에 접어들었으나, 기술혁신에 따른 혜택뿐 아니라, 에너지를 중심으로 한 한정된 자원의 고갈, 식량위기나 환경파괴와 같은 여러 가지 모순을 내부적으로 노정시키기 시작하였다. 이러한 상황에서 기술적인 혜택을 보다 증대시키고 동시에 산업사회에 내포된 모순을 지양하기 위해 모습을 드러낸 것이 정보혁명이라고 할 수 있다.

정보기술과 지식정보사회

컴퓨터와 반도체기술, 인터넷과 웹을 비롯한 네트워크 간 상호 초연결을 원동력으로 하는 지식정보사회는 자원을 대량으로 소비하여 재화나 서비스를 생산하는 산업을 대신하여 정보와 지식의 생산, 가공 및 유통이 물질적 생산활동 이상으로 가치를 지니는 사회를 말한다. 정보혁명은 산업사회가 노정시킨 내부 모순의 해결을 그 일차적인 배경으로 하고 있다. 정보혁명을 촉진시킨 제반요인은 ① 산업사회의 모순 해결, ② 기술혁신, ③ 정보에 대한 수요의 증가라고 할 수 있으며 이를 간단히 살펴보면 다음과 같다.

(1) 산업사회의 모순 해결

산업사회의 성숙으로 인해 발생된 내적인 모순과 갈등으로 첫째, 거의 모든 기존 산업분야가 성숙함에 따라, 그 소비시장이 한계에 도달하게 되어 계속적으로 새로운 시장을 어떻게 개척해 나갈 것인가에 대한 문제가 생겨났다. 둘째, 1970년대의 석유파동 이후 더욱 심각하여진 자원 및 에너지의 고갈에 의한 충격으로 에너지 이용도가 낮은 산업이 필요하게 되었다. 셋째, 국제경제사회의 극심한 경쟁에서 살아남기 위해서는 경제적 우위를 유지할 방법이 필요하게 되었다. 넷째, 인구의 고령화와 2차대전 후의 사회구조의 재편성이 필요하게 되었다. 마지막으로, 인구의 도시집중이나 공해 등 산업사회의 제반 모순이 사회적인 문제로까지 확대되고 있어 이에 대한 해결방법을 모색하지 않을 수 없게 되었다.

(2) 기술혁신

정보혁명의 핵심 산업인 컴퓨터와 통신, 네트워크 산업은 다른 산업과는 대조적으로 기술발전의 바탕 위에서 성립되었다. 뿐만 아니라 신규시장의 창출 또한 기술에 의해 선도되는 등 기술집약적인 성격을 강하게 띠고 있다는 점을 특징으로 하고 있다.

1947년에 최초로 개발된 반도체기술은 그 후 SSI, MSI, LSI 및 VLSI 등의 발전과정을 거치면서 관련 산업의 발전에 지대한 역할을 하여 왔다. 특히 반도체기술은 컴퓨터 및 통신 네트워크, 디지털산업의 상호 보완적인 발전을 촉진시킴으로써 컴퓨터와 통신의 수요는 1960년대 후반부터 1970년대 이후 2000년대 초반까지 거의 폭발적인 증가 추세를 보였다.

특히 1960년대 이후 PCM 전송장치의 실용화와 디지털 교환기의 대량공급, 1980년대 PC의 대량공급, 1990년대 휴대폰과 전자상거래, 2000년대 모바일 인터넷 및 최근 스마트폰의 폭발적 성장으로 정보혁명의 기술혁신은 꾸준히 이어져 왔다.

(3) 정보에 대한 수요의 증가

기술혁신과 산업사회의 모순 해결을 위하여 정보혁명이 필수적일 뿐만 아니라 사회구조가 복잡해짐에 따라, 행정적, 사무적, 후생적인 제반 정보가 폭주하고 있으며, 이와 더불어 생활의 질의 고도화에 따른 요구가 정보에 대한 수요를 증대시키는 중요한 요인의 하나가 되었다.

지금까지의 인류의 사회적 기술은 육체의 힘의 증가에 비유한다면 정보기술은 두뇌조직과 신경기능의 확대로 볼 수 있다. 따라서 사회적 기술로서의 정보기술은 종래의 사회적 기술 같은 '사회 전체의 물질적 생산력 증대'라는 것에서 한걸음 더 나아가 '지식·정보적 자원의 생산·유통의 증대'라는 의미도 함께 갖는다. 그러한 점에서 볼 때 인류 문명의 지식정보사회로의 이행은 이전보다 더 큰 사회적 변혁을 가져왔으며, 지식정보기술의 발전은 산업기술의 변화에 그치지 않고 인류의 삶을 근본적으로 바꾸고 새로운 문화와 사회·경제구조를 창조해 나가고 있다 할 것이다.

정보혁명의 객관화과정

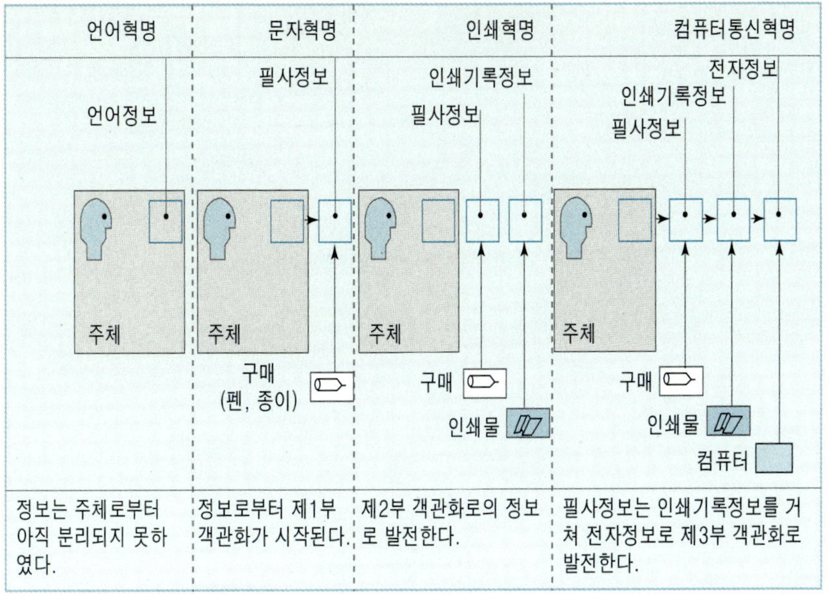

* 자료 : 일본 요내지 마수다(정보화사회, 전설문화사, 1986, p.57)

Chapter 5

지식정보사회
언제 진입했나

1. 부드럽고 약한 것이 딱딱하고 강한 것을 이긴다

도올 김용옥은 21세기의 인류의 3대 과제로 ① 인간과 자연환경과의 화해, ② 종교와 종교간의 화해, ③ 지식과 삶의 화해를 말했다.

21세기로 들어서면서 세계는 군사력이나, 경제제재 등 물리적 표현인 하드파워에서 경제력보다 매력을 통해서, 명령이 아닌 자발적 동의와 문화를 토대로 한 소프트파워로 그 축이 변경되었다.

소프트파워는 하버드대 조지프 나이가 사용하여, 군사력에 의존했던 몽골이 피정복 문화에 동화된 것과 경제제재 완화로 북한으로부터 미사일 발사 실험중지 약속을 얻어내는 것이며, 문화는 교육, 과학, 학문, 예술, 기술 등 인간의 이성적 및 감성적 능력의 창조적 산물과 연관된 모든 분야를 포함한다. 이러한 21세기 과제는 우리가 노자의 도덕경을 살펴봄으로써 그 실마리를 찾을 수 있다.

노자 도덕경 제36장은 다음과 같다

장차 그대가 한결같이 큰 도와 민심을 얻고자 한다면
반드시 백성들에게 널리 베풀어 크게 펼쳐야 하며,
그대가 큰 도와 민심을 잃고저 한다면
반드시 백성들에게 힘으로 강요할 것이며
장차 폐하려면 반드시 먼저 흥하게 해주어라.
장차 뺏으려면 반드시 먼저 주어라.
이런 이치를 일컬어 미미하지만
오묘하고 밝은 지혜라 하는 것이다.

將欲翕之 必固張之 (장욕흡지 필고장지)
將欲弱之 必固强之 (장욕약지 필고강지)
將欲閉之 必固興之 (장욕페지 필고흥지)
將欲脫之 必固與之 (장욕탈지 필고여지)
是謂微明 (시위미명)
柔弱勝剛强 (유약승강강)
魚不可脫於淵 (어불가탈어연)
國之利器不可以示人 (국지이기불가이시인)

부드럽고 약한 것이 딱딱하고 강한 것을 이기게 마련이다.
본래 물고기가 연못을 벗어나 살 수 없듯이
사람이 살아가는 이치는 이를 벗어날 수 없는 것이다.
이러한 큰 도는 사람이 터득하려고 하여도
보여지기 어려운 것은
마치 물고기가 물에 살면서 물을 모르는 이치와 같은 것이다.

주역의 대가 대산 김석진은

"반만년 이어왔던 선천(先天)시대가 끝나고 후천(後天)이 열렸다.
선천이 물질이라면, 후천은 정신이요.
선천이 양이라면, 후천은 음이다.
사물이 극에 달하면 반드시 돌아오는 법으로
동양에서 출발했던 문명이 서양의 시대를 돌아
다시 동양으로 돌아오고 만물이 간방에서 시작하고 끝나므로 간방에
속한 우리나라에서 후천의 새문명이 시작한다."

고 하였다.

　농경사회와 산업사회를 지탱하기 위한 양의 기운인 힘과 남성중심의 부계사회에서 지식정보사회, 사이버, 가상화기술을 중심으로 한 뇌와 감성, 소통의 사회, 스마트사회로, 21세기는 디지털 장비로 무장하고 지구를 떠도는 디지털 노마드의 시대로 신모계사회의 등장으로 여성 정치지도자가 대거 나타나고, 여성의 사회참여가 활발해지고 있다.

　2010년 20대 여성의 고용률은 58.3%로 20대 남성의 고용률 58.2%를 사상 처음으로 앞질렀다. 20대 여성 고용률은 1995년 55.0%에서 2010년 58.3%로 장기 상승 추세를 보이고 있으며, 젊은 여성의 사회참여가 활발해졌다.

　기술혁신과 모바일 인터넷, 페이스북, 트위터 등 SNS의 활용이 폭발적으로 증가하고 전자상거래가 통계조사를 처음 시작한 2001년 110조원에서 2011년.1,000조원으로 9배 이상 성장하였다. 전국적인 네트워크망과 결제인프라 등 IT기술 발전에 따라 전체산업 3,400조원의 시장에서 전자상거래가 차지하는 비중은 약 30%를 차지하고 있다. 이는 선진국의 20% 비중보다 전체 산업에서 전자상거래가 차지하는 비중이 월등히 높은 것이다.

　존 나이스비트는 현대는 시대와 시대의 중간기로써 불안정한 요소로 가득찬 과도기이며, "괄호붙은 시대"라고 하였다. 그는 1982년 출간한 〈메가트렌드〉에서 미국사회의 장래를 좌우하는 10가지 거대한 조류와 동향을 제시하였는데

　① 산업사회에서 정보사회로
　② 인위적 기술에서 하이테크/하이터치로
　③ 국가 경제체제에서 지구적 경제체제로
　④ 단기적 정책에서 장기정책으로
　⑤ 중앙집권체제에서 지방분권체제로
　⑥ 제도적 복지국가에서 자조사회로

⑦ 대의 민주주의에서 참여 민주주의로
⑧ 위계 체제에서 네트워크 체제로
⑨ 북부시대에서 남부시대로
⑩ 양자 택일사회에서 다원 선택사회로

그가 제시한 메가트렌드는 미국사회뿐만 아니라 전 세계의 거대한 조류를 일목요연하게 살펴볼 수 있다.

존 나이스비트는 일찍이 중국 장쩌민 주석의 제안과 중국 재계의 제안으로 세계의 중심이 서양에서 동양으로, 팍스 아메리카나에서 중국을 비롯한 동아시아로, G7에서 G2로 재편되어가고 새로운 체제가 구축되는 소용돌이 속에서 2010년 새로운 세계를 이끌어가는 중국의 8가지 힘-메가트렌드 차이나를 발표하였다.

1982년의 미국은 이미 확립되어 있는 체제 안에서 변화를 겪었으나, 2012년의 중국은 완전히 새로운 경제체제를 만들어내고 있으며, 2050년 중국이 새로운 세계의 중심이 될 것이라는 것이 나이스비트의 결론이다.

① 정신의 해방
② 하향식 지도와 상향식 참여의 균형
③ 성과를 내기 위한 전략적 틀-샤오캉사회 건설
④ 실사구시가 이끄는 성장
⑤ 미래의 문화를 선도할 예술과 학술의 힘
⑥ 세계 속의 중국, 중국 속의 세계
⑦ 자유와 공정성
⑧ 중국이 준비하는 미래-혁신국가

프랜시스 후쿠야마는 1989년 동독이 몰락하자 "역사의 종언"을 선포하였다. 보편적 역사가 진화해 나가다가 어느 시점에서 더 이상 좋아질 수 없는 한계점이 오며, 거기서 정지한다는 것이 헤겔의 역사철학인데 사회주의나 공산주의가 자유주의나 민주주의 앞에 굴복한 오늘날이야말로 그 시점에 도달한 상태로 "역사의 종언"을 고한 때이며, 새로운 역사의 길을 걸어갈 때 거치는 또 다른 휴지기에 불과할지도 모르는 변화와 새로운 체제를 창조해 나가는 시점에 있다고 하였다.

우리는 여기서 공감과 소통, 참여와 새로운 변화, 문화와 지식정보, 지구촌 글로벌사회, 과학기술의 혁신 등 미래의 메가트렌드의 거대한 흐름을 읽을 수 있는 것이다.

2. 지식정보사회 진입시기의 대중의 인식도

미래학의 대부 짐 데이토는 "미래는 과거에 있다."고 하였다. 연구할 만한 미래는 현재에 존재하지 않는다. 실제로 현재에 존재하는 것, 그래서 미래학자가 연구할 수 있고 또 가끔은 실제로도 연구하는 것은 바로 미래에 대한 대중들의 마음속 이미지, 인식도 등이다. 그래서 미래학의 주요 초점은 미래의 이미지, 미래상이라고 말하는 것이다.

정보혁명을 지나 새로운 미래로 나아가는 현 시점에서 지식정보사회 진입시기와 현좌표 그리고 새로운 미래를 알고자 한다면 지식정보사회 진입시기의 대중의 지식정보사회에 대한 인식도와 미래상을 알아보는 것은 필요한 일일 것이다.

한국의 정보혁명과 지식정보사회 진입에 대한 대중들의 관심과 사회적 논의가 한창이던 1992년 한국통신학회에서 서울지역에 거주하는 500명의 학생과 일반인 500명을 대상으로 설문지를 배포하여 지식정보사회 인식도에 대하여 조사한 응답결과를 살펴보면, 전문가를 제외한 학생과 일반인들의 그 당시 미래사회로서의 지식정보사회 진입에 대한 인식도는 낮은 것으로 조사결과가 나왔다.

먼저, 정보혁명과 지식정보사회의 용어에 대한 인식도를 분석한 결과 신문, 방송 등 매스컴의 활발한 보도와 기업의 판촉활동에 따라, "정보혁명", "정보사회", "홈쇼핑" 등 일반적인 용어에 대해서는 비교적 잘 인식된 반면, "셀룰라통신", "부가가치통신망" 등 전문적인 용어에 대해서는 인식도가 낮은 것으로 나타났다.

<h2 style="text-align:center">▌ 정보혁명과 정보사회 용어에 대한 인식도 ▌</h2>

(단위 : %)

항목	1	2	3	4	무응답	합계
정보화사회	1	7	66	25	1	100
천리안 Ⅱ	24	28	38	9	0	100
KETEL(케텔)	26	20	34	19	1	100
이동통신	14	33	41	11	1	100
셀룰라통신	85	10	2	1	1	100
PCN(개인휴대통신)	38	28	27	6	1	100
ISDN(종합정보통신망)	19	35	32	13	1	100
LAN(근거리지역통신망)	20	30	35	14	1	100
CATV(유선TV 통신망)	24	25	37	12	2	100
VAN(부가가치통신망)	42	27	19	9	3	100
팩시밀리	0	6	50	42	1	100
비디오텍스	12	41	33	12	1	100
전자사서함	28	29	27	14	2	100
음성자동응답시스템	5	23	55	17	1	100
홈쇼핑	9	15	48	28	0	100

* 1. 들어본 적이 없다.　 2. 들어 보았으나 뜻은 모른다.
　3. 약간 안다.　　　　　 4. 잘 안다.
* 자료 : 한국통신학회(1992)

　정보매체별 서비스 만족도를 살펴보면, 전화에 대한 만족도가 다른 매체에 비하여 비교적 높은 것으로 나타났으며, 특히 전문잡지보다 일반잡지에 대한 서비스 만족도가 극히 낮게 나타난 것은 지나치게 상업성에 치우친 기사로 이용자의 정보만족도를 충족시키지 못한 데 따른 것으로 분석되었다.

▌정보매체별 서비스만족도 ▌

(단위 : %)

항 목	1	2	3	4	5	무응답	합 계
신문	7	22	49	18	3	2	100
일반잡지	16	34	45	4	1	1	100
전문잡지	4	18	54	19	3	2	100
라디오	3	18	44	29	4	2	100
텔레비전	6	21	40	24	8	1	100
전화	5	9	38	29	17	2	100

* 1. 매우 만족치 못함 2. 약간 만족치 못함 3. 보통임
  4. 약간 많이 만족함 5. 매우 만족함
* 자료 : 한국통신학회(1992)

　정보통신산업이 국민경제에서 차지하는 비중이 1986년 3.2%에서 2001년 6.9%로 2배 이상 증가할 것으로 예측하였으나, 결과적으로 살펴보면 IT산업이 GDP에서 차지하는 비중은 1999년 12.7%에서 2000년 16%로 증가하여, 1986년의 3.2%, 1991년의 4.6%보다 거의 4배 성장하여, 정보통신산업이 국민경제에서 차지하는 비중은 예측치(6.9%)보다 실제 비중이 2.4배 더 커진 것으로 나타났다.

▌국민경제에서 정보통신산업의 비중 증가 예측 ▌

(단위 : 10억원, %)

구 분	1986	1991	2001	평균증가율(%)	
				1987~1991	1992~2001
국민총생산	59,188	92,867	181,794	9.4	6.8
1차 산업	7,280	9,380	13,453	5.0	3.7
2차 산업	18,526	30,553	77,262	10.5	9.7
3차 산업	33,382	52,934	91,079	9.7	5.6
정보통신	1,869	4,313	12,620	18.2	11.3
정보통신/GNP	3.2	4.6	6.9	-	-

* 자료 : KT(1991)

컴퓨터 및 통신기술의 지속적인 발전에 따라 신규정보통신 서비스가 계속 개발될 것이며, 신규서비스의 증가율은 기존서비스 증가율보다 더 클 것으로 전망하였다.

┃ 통신서비스 수요증가 예측 ┃

구 분	서비스명	단 위	1991	1996	2001
기존서비스	가입전화	천	15,466	21,150	23,996
	공중전화	천	274	369	427
	가입전신	천	10.3	7.7	3.2
	시외통화회선	천	98	127	149
	전용회선	천	169	236	456
신규서비스	화상회의	NTP	10	23	82
	비디오텍스	천	4.2	15	33
	원격검침	천	290	3,000	5,000
	선박전화	대	5,391	8,411	10,600
	전자사서함	천회선	5.5	30	71
	원격경보감시	천회선	1	25	30
	CATV	천	1,450	2,930	5,180
	화상전화	대	-	1,269	37,684
	영상응답장치	천	-	3	124

* 자료 : KT(1991)

유선전화 가입자 수는 2,400만명을 예상하였으나, 2001년 실제 가입자 수는 2,270만명으로 예측치의 95% 수준에 불과하였으며 기술혁신에 따라 1991년 미래예측 당시 예상조차 할 수 없었던 인터넷 사용자 수가 1997년 160만명에서 2001년 2,440만명으로 증가하고, 초고속 인터넷 사용자 수도 1997년 140만명에서 2001년 780만명으로 증가하였다. 휴대폰 가입자 수는 1997년 680만명에서 2001년 2,810만명으로 증가하였고 폭발적으로 증가하고 있는 스마트폰의 가입자 수도 2010년 200만명에서 2012년 8월 3천만 명을 넘어섰다. 기술혁신의 속도가 빨라짐에 따라, 예측하지 못한 새로운 미래가 오고 있는 것이다.

다가오는 미래사회가 인류가 추구해온 이상적인 사회로 반드시 될 것이란 보장은 없다. 사회발전은 기술의 발전과 같은 물질적인 측면과 인간성에 바탕을 둔 문화적 측면이 함께 어울려서 이루어진 결과이기 때문이다. 따라서 미래사회가 본질적인 의미에서 인간의 욕구를 충족시키기 위해서는 기술주도적이 아닌 사회·문화적 측면에서 대중이 인식하고 주도하는 사회가 되어야 한다고 보았다.

정보혁명을 구체적이고 포괄적으로 이해하기 위해서는 정치·경제·사회·문화·기술적인 모든 측면에서 고찰하여야 하지만 대중의 전반적 생활여건의 변화와 그에 따른 라이프스타일(Life Style)의 변화가 여타의 측면들을 반영할 것이라는 전제하에서 대체적으로 ① 가정생활의 변화, ② 산업 및 경제생활의 변화, ③ 문화·교육을 포함한 기타 분야의 변화로 구분하여 예측하였음은 현재 시각에서 볼 때에도 그 시사하는 바가 크다고 하겠다.

가. 가정생활의 변화(1990년 미래예측)

가정생활의 변모	대응하는 시스템
● 1인 생활세대의 증가 등 가족형태의 변화 ● 고령화 사회의 진전 ● 여성의 사회진출 확대 및 재택근무의 증가 등 가족의 역할 변화 ● 지방화시대의 진전	● Home banking ● Home Shopping ● Home Security ● 커뮤니티정보시스템(CATV 등) ● 헬스케어

나. 산업 및 경제생활의 변화(1990년 미래예측)

산업 및 경제생활의 변모	대응하는 시스템
● 소비의 개성화 및 다양화에 따른 다품종 소량 생산 체제 확립 ● 생산의 자동화 및 에너지 절약화 ● 세계적인 생산기술 수준의 유지 향상 및 첨단기술 개발경쟁의 심화 ● 기술보호주의 및 세계의 다극화 현상	● DB시스템(사내, 사외의 기존 데이터베이스, 비디오텍스, VRS 등) ● OA 네트워크 시스템(LAN, VAN, TV회의 시스템·재택근무시스템) ● FA(FMS, CAD, CAM 무인화 공장)

다. 문화와 교육 등 기타 분야의 변화(1990년 미래예측)

교육, 복지 분야의 변모	대응하는 시스템
● 고학력화의 진전 및 교육의 네트워크화 ● 고령화와 자유시간의 증대에 따라 생애학습에 대한 필요성 증대 ● 젊은 사람의 지방정주 등 라이프 스타일의 변화 ● 의료 등 복지생활의 전문화와 종합화 ● 성숙한 복지국가로의 이행 ● 재택 Care, community care의 역할 증대	● CAI 등의 개발교육시스템 ● CMI의 도입 ● 뉴미디어의 이용 및 도서관 정보 네트워크 ● 각종 생애교육시스템 ● 전국적, 전문적 의료 DataBase ● Self care 지원시스템 ● 지역의료 정보시스템

정보혁명의 거센 물결이 1980년대와 1990년대를 휩쓸어 갈 때, 미래의 가정생활과, 산업 및 경제생활, 문화와 교육분야에 대한 예측사항은 그 변화의 속도가 예상보다 훨씬 빠르고 복잡하여, 기술혁신은 더 빠르게 우리 사회의 전반을 바꾸어 놓았다는 것을 알 수 있다.

3. 미국과 일본, 우리나라 지식정보사회 진입시기

한 사회의 정보화 정도를 측정하는 것은 매우 어려운 일이며 만족할 만한 지표 또한 찾기가 쉽지 않다. 설사 있다고 해도 "정보화"라는 개념 자체가 계량적으로 정의하기에 어려움이 있으며 한 사회 전체를 근본적이며 전반적으로 측정할 적절한 척도를 확립하기 어렵기 때문이다.

그러나 정보화의 진전현황이 명확하게 분석되어야 정보화의 진전정도에 맞는 적절한 대응방향을 제시할 수 있다는 점을 고려할 때 한 사회의 정보화 진전상태 측정은 필요한 일일 것이다. 여기서는 정보화 측정을 위하여 ① 고용구조적 접근법, ② 거시경제적 접근법, ③ 정보화지수법의 3가지 접근법으로 미국과 일본, 우리나라의 지식정보사회 진입시기를 개략적으로 살펴본다.

고용구조로 본 진입시기

정보부문에 종사하는 인구의 상대분포를 평가하는 접근법으로 고용구조 분석에 의한 정보화 측정은 마흐럽 교수의 지식산업론에서 시작되어 포랫이 이를 발전시킨 것으로 1981년 OECD연구를 통하여 거의 보편화되었다. 선진산업사회가 지식정보사회로 진입한 시기를 언제로 보는가? 라는 물음에 대한 보편적인 접근법으로 다니엘 벨은 고용구조 접근법을 활용하여 미국의 경우 공업부문과 정보부문이 각각 37% 수준에서 같아진 1955년을 본격적인 지식정보사회 진입시기로 보았다.

OECD도 같은 방법으로 조사하여 미국은 1950년대 중반, 프랑스, 스

웨덴, 영국은 1970년대 초, 일본과 서독은 1970년대 중반에 지식정보사회로 진입하였다고 분석하고 그 결과를 발표한 바 있다. 우리나라의 경우 1984년 공업부문의 종사자가 27.3%인 데 반하여 정보부문 종사자는 20.9%로써 아직 지식정보사회 문턱을 넘지 못하였으나, 고용구조접근법으로 분석한 바, 1993년에 지식정보사회에 진입한 것으로 분석되었다.

정보화사회라는 개념을 최초로 주장한 사람은 1962년 미국의 경제학자 프리츠 마흐럽이다.

미국의 지식정보사회 진입시기

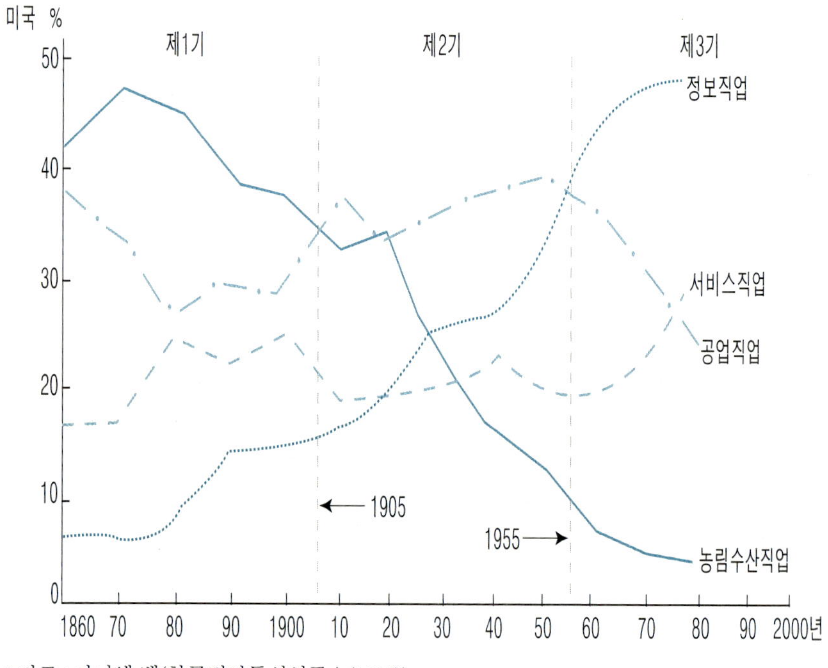

* 자료 : 다니엘 벨(한국전자통신연구소(1985))

일본의 경우 정보부문 종사자와 공업부문 종사자의 비중이 33% 수준에서 같아지는 1971년을 기점으로 지식정보사회의 진입단계에 들어섰다고 보고 있다.

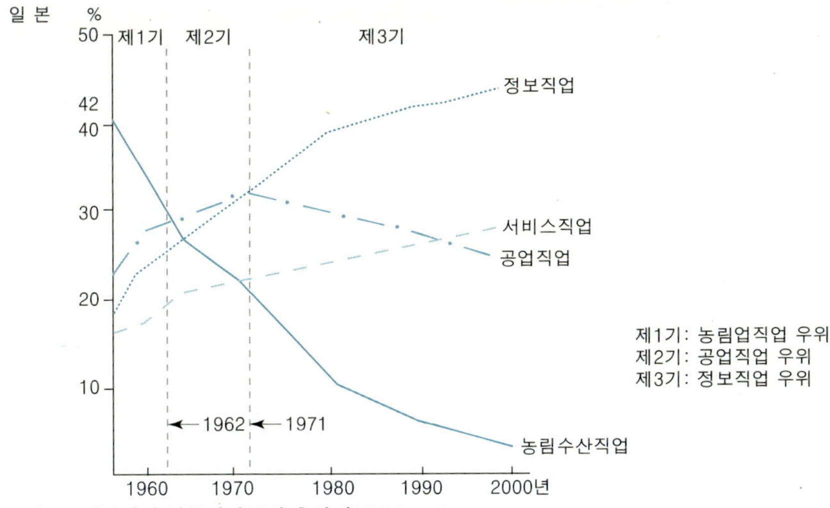

* 자료 : 재단법인 일본전기통신 총합연구소(1983)

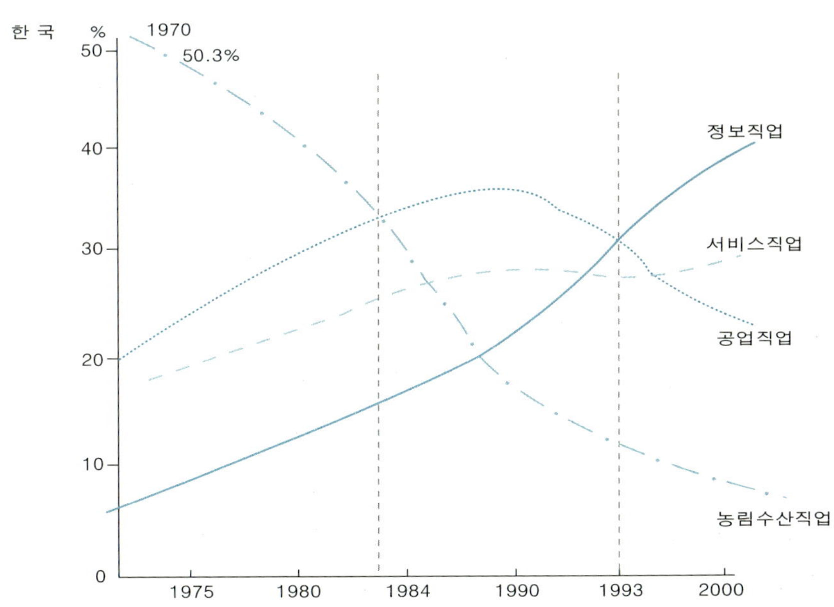

* 자료 : 고려대 김정훈(정보화사회와 교육주제 세미나(1994))
* 자료 : 손민익(연세대 석사학위논문 : 미래 정보화사회와 전기통신 정책에 관한 연구: 1987)

우리나라의 경우 1983년 정보부문 종사자 비중이 16.6%였으며, 1984년 정보부문 종사자 수가 20.9%로 상승하였으나, 공업부문의 종사자 수가 27.3%로서 아직 지식정보사회 문턱을 넘지 못하였으나, 이후 지속적으로 사회 전반의 정보화 수준이 상승하여 정보부문 종사자의 비중이 공업부문 종사자의 비중을 넘어서는 시점을 지식정보사회 진입단계로 본다면 정보부문 종사자 수가 30%로서 공업부문 종사자의 비중을 넘어서는 1993년에 지식정보사회의 진입단계에 들어섰다고 본다.

거시경제적으로 본 진입시기

정보부문의 부가가치 생산액이 국민경제에서 차지하는 비중을 산출함으로써 정보화 정도를 측정하는 부가가치접근법으로 이는 정보부문의 부가가치를 계산하여 비경제부문과 비교하는 것으로 마흐럽 교수의 지식산업에 관한 연구(1976)가 대표적이며, OECD에서는 1981년 전문가그룹을 형성하여 OECD 9개국을 대상으로 실증적 연구를 시작으로 비교적 널리 활용되고 있는 접근법이라 할 수 있다.

정보화의 진전을 거시경제적 관점에서 고찰한 마흐럽 교수는 1958년 당시 미국 GNP의 29%를 지식산업이 차지하였고 노동인구의 31%가 이 부문에 종사하였으며 1947년부터 1958년 사이에 지식산업이 연평균 10.6%의 고도성장을 이룩하였는데 이는 같은 기간 중 GNP 성장률의 2배가 된다고 추산하였다.

포랫은 정보부문을 제1차 정보부문과 제2차 정보부문으로 나누고 이들에 대한 부가가치를 추산한 결과 미국의 경우 1967년에 제1차 정보부문이 25.1%, 제2차 정보부문이 21.1%를 점유함으로써 총 GNP에서 정보부문이 차지하는 비중이 46.25에 달한다는 사실을 실증하였다. 포랫의 정보부문 분류는 민간정보기업의 활동 및 정부부처 중 정보활동을 목적으로 하는 부문을 제1차 정보부문이라 하고, 제2차 정보부문과 비정보부문은 민간 비정보기업과 정부부처 중 정보활동 자체가 목적이 아닌 부문에도 정보활동이 포함된 것으로 보고 이들의 활동 중 정보활동과 관련된 것을 제2차 정보부문이라 하였으며 정보활동과 관련이 없는 것을 비정보부문이라고 하였다.

미국의 지식정보사회 진입 후 대GNP 정보부문 비중(1967년)

(단위 : 백만달러)

구 분	정보부문		부가가치	
	금액	비중(%)	금액	비중(%)
1차 정보부문	174,585	21.9	199,642	25.1
2차 정보부문	27,440	3.4	167,826	21.1
비정보부문	593,363	74.6	427,920	53.8
합계(GNP)	795,388	100	795,388	100

* 자료 : M. U. Porat, The Information Economy(1977)

한편, 일본의 경우 GNP에서 차지하는 정보부문의 비중을 살펴보면 제1차 정보부문은 1960년 20.6%에서 1980년에는 25%로 상승하였다. 이 기간 동안 제2차 정보부문은 8.9%에서 18.5%로 대GNP 비중이 2배 이상 증가하였는데 2차 정보부문이 성장한다는 것은 기업 내의 정보활동이 활발하다는 것을 뜻한다.

일본의 지식정보사회 진입 후 대GNP 정보부문 비중

(단위 : %)

구 분	1960	1965	1970	1975	1980
제1차 정보부문	20.6	20.0	22.8	22.9	25.0
제2차 정보부문	8.9	10.6	14.1	18.2	18.5
정보부문계	29.5	30.6	36.9	41.1	43.5
비정보부문	70.5	69.4	63.1	58.9	56.5
부가가치	100	100	100	100	100

* 자료 : 일본 경제기획청(정보화 경제계산의 접근(1985))

　우리나라의 경우 정보부문에 대한 거시경제적 접근은 1982년 KAIST
에서 처음 시도하였으며, GNP에서 차지하는 정보산업의 비중은 1970
년 12.19%에서 1973년 12.56%로 약간 높아졌으나, 1975년에 9.57%로
대폭 감소하였고, 1978년에 10.70%로 증가하고 1980년 12.8%, 1983년
14.0%로 증가하는 추세를 보였다. 우리와는 달리 일본은 전반적으로
정보산업의 비중이 높을 뿐만 아니라 1970년에 15.60%이던 것이 1975
년에 16.12%, 1979년에는 17.57%로 정보산업의 비중이 늘어나는 추세
를 보였다.

　최근에는 4G(4세대) 스마트폰의 폭발적 보급, 클라우드 서비스, 가상
화, IT기술의 융합화, 복합화 등 첨단 네트워크 기술의 보급에 따라, 지
식정보화 수준의 측정이 더욱 어려워지고 있다.

▌일본의 지식정보사회 진입시기 한국과 정보부문 비중 비교 ▌

(단위 : %)

구분		1970		1975		1979	
		한국	일본	한국	일본	한국	일본
정보산업	1그룹	1.96	3.29	1.60	3.05	1.58	3.32
	2그룹	8.42	7.70	6.10	10.00	7.12	10.92
	3그룹	1.82	4.61	1.87	3.07	2.00	3.33
	소계	12.19	15.60	9.57	16.12	10.70	17.57
국내총생산		100	100	100	100	100	100

* 자료 : KAIST(정보화사회의 장기전망에 관한 연구(1982))

정보화지수로 본 진입시기

　정보화 수준의 측정방법으로써의 정보화지표는 국가, 지역 또는 한
부문의 정보화에 대한 수준과 변화를 총체적으로 나타낼 수 있으며, 현
재 한국은 여러 가지 측면에서 정보화지표를 개발하여 사용하고 있다.
정보화지표는 정보설비지표, 정보이용지표, 정보화지원지표를 가중평

균하여 얻는다.

　 - 정보설비지표는 전화, TV, PC의 보급대수
　 - 정보이용지표는 팩스 이용자 및 인터넷, 이동전화 가입자 수
　 - 정보화지원지표는 정보부문 관련 투자액 및 종사원 수로 계산한다.

　유엔 전자정부 평가에서 우리나라는 2010년도 192개 회원국 중 1위를 차지하였다. 또한 국제전기통신연합(ITU)에서 발표하는 디지털 기회지수(DOI)에서도 1위를 차지하여 우리나라는 명실공히 정보기술(IT) 강국의 지위를 점하고 있으며, 이는 매우 중요한 정보화지표라고 할 수 있다. 정보화지수는 정보화지표의 값을 알기 쉽도록 수치화하는 것을 말한다.

▌ 우리나라와 미국 등 선진국과 정보화지수 비교(1980년) ▌

(단위 : 지수)

합 계	기준연도	한 국	일 본	미 국	서 독	영 국	프랑스
1인당 국민소득	1980	100	531	758	868	606	799
3차 산업인구(비중)	1983	100	120	148	112	139	126
교육비지출(대GNP 비중)	1980	100	140	158	109	133	119
고등교육재학(대인구 비중)	1981	100	103	275	110	77	105
연구개발비(대GNP 비중)	1983	100	220	259	104	233	194
과학기술자(대인구 비중)	1982	100	575	418	287	214	189
컴퓨터보유(대인구 비중)	1980	100	764	3,457	1,200	1,007	1,679
라디오보유(대인구 비중)	1982	100	161	494	91	228	198
TV보유(대인구 비중)	1982	100	322	371	203	263	212
일간신문발행(대인구 비중)	1982	100	299	140	213	219	99
서적출판(점)	1981	100	167	305	224	170	148
종합지수	1980~83	100	323	626	331	313	361

* 자료 : 산업연구원

정보화 측정에 관한 연구는 각종 사회·경제적 지표를 분석함으로써 정보화 수준을 평가하는 방법까지 고안되었다. 이러한 정보화지수에의 접근은 구미지역에서보다 주로 일본에서 그 연구가 수행되어 왔다. 정보화지수에 관한 최초의 연구는 일본의 하야시 유지로(林雄二浪)의 "정보화사회(1969)"에서 찾을 수 있으나, 여기서는 1980년대 초반 우리나라와 미국, 영국, 프랑스, 서독, 일본 등과 비교하여, 일인당 국민소득, 컴퓨터 보유대수, TV 보유대수, 3차 산업 인구비중 등을 비교하여 보면 우리나라를 지수 100으로 보았을 때, 미국은 626, 프랑스 361, 서독 331, 일본 323, 영국 313의 순으로 큰 차이가 나고 있었음을 알 수 있다.

지식정보사회의 진입은 컴퓨터와 첨단통신기술의 결합에 의하여 그 발전속도가 고도화되었다. 지식정보사회 진입 초기 정보혁명을 측정하는 정교한 정보화지수가 개발되지 않았고 인구대비 전화 보유대수 및 컴퓨터 시장 성장 추세를 기본적인 정보화지수로 활용하였다.

▎ 아시아 주요도시의 100인당 전화 보급률 ▎

(단위 : 명)

구 분	1985	1986	1987	1988	1989	1990
싱가포르	31.2	32.1	33.5	35.0	36.5	37.4
동경	52.0	54.0	56.5	59.2	61.9	62.9
서울	23.6	25.1	27.5	31.1	33.6	35.6

* 자료 : 전기통신통계년보(한국통신, 1991)
　　　 한국통계년감(경제기획원, 1990)
　　　 도시비교통계(서울특별시, 1991)

이상에서 살펴본 바와 같이 우리나라의 정보화 수준은 1970년대 이후 계속 증가현상을 보여왔으며, 1980년대 이후 세계 각국의 증가 추세에 비교하면 매우 빠른 속도로 증가해 왔음을 알 수 있다. 그러나 미국이 1955년, 일본이 1971년에 지식정보사회에 진입단계에 들어섰음에 비해, 우리의 경우 1993년에 지식정보사회에 진입했다고 볼 수 있으므로 후발주자로서 선진국과의 시간적 격차가 매우 컸음을 부인할 수 없다고 하겠다. 그리하여 우리는 지난 30여년간 "산업화는 늦었지만 정보화는 앞서가자."는 전 국민적 컨센서스를 바탕으로 지식정보사회 조기 진입을 위하여 선진국의 정책동향을 비교분석하고 각국의 정보화 수준을 측정하기 위하여 정보화에 직접·간접으로 영향을 미치는 요인을 추출하고 그 요인별 기여도를 분석해 왔는데 이것은 이론적으로는 가능하지만 실제로는 어려운 작업이다. 이런 점에서 정보화 측정에는 한계가 있음은 우리가 경험한 바와 같다. 또한 우리는 우리의 실정에 맞는 정책방향을 수립하고, 시행하기 위하여 끊임없는 미래예측과 글로벌 트렌드 분석, 전 국민 정보화 마인드 향상을 위하여 혼신의 노력을 경주하여 왔던 결과로 2012년 현재 한국은 세계에서 IT강국이라는 위상을 드높이는 결과를 가져오게 된 것이다.

▎ 정보혁명 초기 세계 주요국 컴퓨터 시장 성장 추세 ▎

(단위 : 천만달러, %)

구 분	1985	1986	1987	1988	1989	1990
전 세계 (증가율)	9,012 (6.5)	9,413 (4.5)	13,538 (43.8)	10,446 (-22.8)	11,343 (8.6)	12,026 (6.0)
한국 (증가율)	55 (39.8)	67 (19.9)	99 (47.6)	135 (37.4)	170 (25.1)	190 (11.8)
미국 (증가율)	3,930 (-4.4)	3,752 (-4.5)	4,753 (26.7)	5,001 (5.2)	5,219 (4.3)	5,343 (2.4)
일본 (증가율)	1,380 (26.3)	1,486 (7.6)	2,918 (96.4)	3,860 (32.3)	4,375 (13.4)	4,812 (10.0)
유럽 (증가율)	2,926 (17.4)	3,338 (14.1)	4,741 (42.0)	5,629 (18.7)	5,890 (6.2)	6,161 (3.0)

* 자료 : Electronics Data, Benn Electronics

　우리는 우리가 현재 놓여져 있는 좌표를 살펴보고 앞으로의 발전방향을 모색하기 위하여 일정한 척도와 기준을 마련한다는 것이 매우 중요한 일이라는 것을 살펴보았다. 그것은 정보화와 진전현황이 명확하게 분석되어야 정보화의 진전정도에 맞는 새로운 방향을 정확하게 제시할 수 있기 때문이다.

　이것은 지도와 나침반으로 현재의 좌표를 정확히 설정하여야 길을 잃지 않고 목적지를 정확하게 찾아갈 수 있는 것과 같다.

Chapter 6

지식정보사회에 대한 그간의 다양했던 전망

1. 지식정보사회에 대한 낙관론과 비관론

새로운 사회의 변동 및 기술과 사회발전이 인간생활과 사회문화에 미치리라고 보는 영향에 대해서는 일반적으로 낙관론과 비관론이 교차된다. 정보혁명의 물결에 대해서도 낙관론자와 비관론자의 견해의 대립이 있어 왔던 것도 사실이다. 지금까지 정보혁명에 대한 전망으로 적극적 낙관론과, 현실적 회의론, 적극적 비관론이 있다.

가. 낙관론자의 견해

새로운 사회의 변동, 기술과 사회발전의 영향에 대하여 낙관론은 그 이론적 기초를 주로 과학·기술 주도의 사회변동이론에 두고 있으며, 또 다니엘 벨, 포랫 등이 주장한 바와 같이 정보혁명의 단계적 발전관이 그 특징을 이루고 있고, 윌리암스(Fredric William), 라이스(R. E. Rice), 오그번(W. F. Ogburn)의 주장처럼 기술혁명이 인간생활의 풍요를 가져온다는 측면을 강조하고 있다.

산업사회가 종말을 고하고 전혀 새로운 원리를 가진 정보혁명이 거세게 밀려올 때, 사회 전반적으로 산업혁명과 같이 근본적이고 포괄적인 사회변동이 일어난다는 견해가 이 주장에 따르면 정보혁명의 물결에 따라, 산업화의 많은 문제들이 해결될 수 있을 것이며, 인간생활은 물질적으로나 정신적으로 산업사회보다 더 풍요하게 될 것이라는 것이다. 예컨대 제러미 리프킨이 노동의 종말에서 지적한 바와 같이 정보혁명의 결과로 인구의 5% 정도 노동력만으로 지구상 전 인구가 생활하는 데 필요한 재화를 충분히 생산할 수 있다고 예측하고 있다. 결국 낙관론자들은 고도 정보사회에서는 모든 면에서 분산화가 촉진되고 창조성, 개성이 발휘되며, 여가생활이 충실해지고 정신적으로 여유있는 생활이 실현되며, 인간들 사이의 커뮤니케이션이 확대될 뿐만 아니라 효율화 · 생활화 · 신속화 경향으로 사회 전반의 풍요로움과 "삶의 질"의 향상을 가져올 것으로 주장하였다.

나. 비관론자의 견해

비관론자의 견해는 현실적 회의론과 적극적 비관론으로 구분될 수 있다. 현실적 회의론은 20세기 후반의 중요한 정보혁명과 기술혁명으로 사회 전반의 지식정보화의 가치를 인정하나, 이것으로 인해서 사회구조가 근본적으로 변화된다고 보지는 않는다. 정보혁명이나, 이로 인해 도래하는 지식정보사회는 고도 산업화의 한 과정에 불과한 것이라고 보는 견해이다.

적극적 비관론은 정보기술이 발달함에 따라, 중대한 사회적 변화가 온다고 생각하는 점에서는 적극적 낙관론과 입장이 동일하나, 그 결과 개인생활과 사회질서에 파탄이 일어난다는 비관적인 입장을 취하고 있다. 이러한 견해를 따르면, 정보혁명의 물결에 따라 영국에서만도 실업자가 500만명이 생기고 이러한 사회적 혼란 때문에 정부가 붕괴되고 강력한 좌익 또는 우익정권이 들어서게 될 것으로 전망한다. 이때 생겨난 독재권력은 고도의 정보기술을 이용하여 모든 국민의 생활을 철저하게 감시하고 통제하는 조지 오웰(George Orwell)의 「1984」와 같은 사회가 된다는 것이다. 조지 오웰은 「1984」에서 미래세계에 대하여 전체주의의 비정한 횡포 속에서 무참히 패배해가는 인간의 모습을 텔레스크린이라는 텔레비전식 송 · 수신을 동시에 할 수 있는 기구와 마이크로폰으로 인간의 통제를 실시하는 모습으로 표현하고 있다. 텔레스크린은 집안의 방, 거리, 광장 등 어디에나 장치되어 있으며, 마이크로폰은 산이나 야외의 곳곳에 숨겨져 있어 아무리 사소한 이야기까지도 모두 탐지해내며 빅 브라더의 철저한 통제 속에 주인공 윈스턴 스미스의 몰락해 가는 과정을 통해서 미래 전체사회에 대하여 경고하였다.

또한 엘릴(Jacques Ellel)과 마르크제(H. Marcuse), 하버마스(T. Habermas)들은 현대사회에 있어서의 기술지배에 대한 비판을 하고 있으며, 쉴러(H. J. Schiller), 헤임린크(C. T. Hamelink) 등은 정보혁명이 초래할 국가 간의 기술과 소득의 격차 및 문화종속을 지적하고 있다. 결국 비관론자들의 견해는 정보의 집중이 통제적 관리화사회를 촉진하고, 프라이버시를 침해하며, 정보격차의 심화에 의한 새로운 불평등을 확대하고 대량적인 실업문제를 유발하여 인간성의 획일화 내지는 새로운 인간소외를 낳을 수 있는 우려가 짙다고 경고한 바 있다.

이러한 정보혁명으로 사회 전반에 대하여 가져올 변화를 바라보는 시각, 즉 적극적 낙관론, 현실적 회의론, 적극적 비관론은 정보혁명이 가져온 사회 전반의 변화에 대하여 매우 예리한 시각으로 예측했다고 볼 수 있으나, 다른 한편으로는 혁신기술의 복합화, 융합화, 통합화 경향을 무시하고 그 일부분적 측면만을 지나치게 확대하여 일반화시킨 것을 부인할 수 없다고 하겠다.

2. 지식정보사회에 대한 다양한 견해

　　정보란 "인간의 의도성"을 바탕으로 조직화되고 전달되는 자료를 말한다. 그리고 이러한 정보를 바탕으로 물질·에너지에 이은 제3의 요소로 인식하여 그 생성, 가공, 전달, 이용 및 축적을 의식적으로 행하는 활동의 총체를 "지식정보화"라고 하고, 이러한 지식정보화의 비중이 증대되는 사회를 지식정보사회(Knowledge Information Society)라고 부른다. 이러한 지식정보사회는 산업구조의 고도화와 사회의 지식정보화 현상을 초래하여 사회 전반에 걸쳐 많은 변화를 초래해 왔다. 컴퓨터의 확대보급과 통신기술의 발달로 정보모집, 처리 및 활용이 개인 간, 가정, 기업 및 사회 전반의 활동영역에 급속히 보급되고 생활양식에 혁신적인 변화를 초래하게 되어 정보산업, 환경보전산업, 레저·스포츠산업, 2차 전지·태양광 등 신재생에너지산업 등 새로운 전문기술직종에 대한 인력수요가 증가하게 되었다. 현대사회는 인구와 식량문제, 에너지와 자원문제, 공해문제, 국가 간의 이해충돌과 분규 등으로 위기의식을 갖게 되었으며, 그 대안을 모색하지 않을 수 없게 되었다. 이러한 산업사회의 한계를 극복하기 위해서는 새로운 사회의 건설이 필요하게 되었으며, 이러한 요청과 당위에 의하여 새로운 정보혁명의 물결이 거세게 밀어 닥쳤던 것이다. 지식정보사회란 무엇인가? 그것은 지식정보가 물질이나 에너지보다 더 중요한 가치와 유력한 자원이되고, 지식정보의 가치창출, 가치생산을 중심으로 사회 전체가 기능하여 가는 사회를 뜻한다. 다시 말해 "인간의 지적 창조력이 꽃을 피우는 고도 지적 창출사회"라 정의할 수도 있고 피터 드러커의 말과 같이 "재화나 서비스를 대신하여 아이디어 및 정보의 창출과 유통이 그 사회의 주역이 되어 있는 그런 사회"를 지식정보사회라 정의할 수 있다.

지식정보사회의 정의에 대하여 많은 이론가들이 제시하는 다양한 견해를 살펴보면, 다니엘 벨(하버드대학 사회학자)은 탈공업화사회라 불렀고, 앨빈 토플러는 농업혁명을 제1의 물결로, 산업혁명에 따른 산업문명의 출현을 제2의 물결로 파악하면서 제3의 물결은 정보혁명에 의하여 고도의 과학기술에 의지하는 동시에 반산업주의라는 성격을 띤 새로운 사회를 창출할 것이라고 그의 저서 「미래 충격」, 「제3의 물결」, 「권력이동」, 「부의 미래」에서 누차 이야기 하고 있는 것이다. 그는 정보혁명이라는 제3의 물결이 가져다 줄 전혀 새로운 생활양식은 재생할 수 없는 에너지자원과 일관작업에 따른 공장생산방식은 후진시대의 것이며 다가올 새로운 문명은 새로운 행동규범을 세우고 제2의 물결사회의 특징인 규격화, 동시화, 중앙집권화라는 산업사회의 제약을 넘어 에너지와 부, 권력의 집중화를 넘어서는 새로운 길을 열어준다고 1980년대 이후 줄기차게 이야기하고 있다. 아울러 컴퓨터와 통신의 세계적 석학인 제임스 마틴은 컴퓨터와 통신 네트워크의 결합에 의한 고도정보화사회라고 하였고, 안토니 오팅거(Antony Oetting)는 지식정보사회의 특성을 텔레커뮤니케이션(Telecommunication)과 텔레프로세싱(Tele processing)의 혼합된 형태인 컴퓨니케이션(Compunication)으로 묘사하였다. 존 나이스비트는 "사회 구성원 개개인의 의식발달이 보다 강조되는 사회 또는 초산업사회"로 보았다.

한편 로마클럽에서는 점점 복잡화·비인간화되어가고 자연파괴 및 오염이 증대되는 공업화사회에 대응한 사회로서 "인간 개개인의 니즈를 중시하고 생태학적인 균형을 이룰 수 있는 자연 및 자기실현의 사회"로 파악하였다. "정보화사회" 역시 산업사회를 대체할 새로운 사회를 조망한 개념으로서 1960년대 후반부터 일본학자들에 의해 사용된 이래 지식정보사회 진입 초기 보편적으로 사용해온 개념이다. 유사한 용어로 맥루한의 정보시대(Age of Information)가 있고, 피터 드러커가 사용한 지식사회(Knowledge Society)가 있다.

이들의 견해를 종합해보면 지식정보사회란 컴퓨터와 통신기술의 진보에 따라, 동시생활권이 형성되는 글로벌사회로서 정보의 생산·처리·활용기술이 사회발전의 원동력이 되고 사회구조를 지배해가는 사회라 할 수 있다. 이러한 개념들은 먼저 미국이나 서구 중심적으로 논의를 전개해 옴으로써 개발도상국이나 후진국의 사회 전반의 변화에 대처하는 시각이 결여되어 있고 지식정보사회를 지나치게 기술적이며 High-Tech적인 측면만을 강조하여 지나치게 낙관적인 시각으로 표현되어 왔으며 지식정보사회 진입 후 발생가능한 문제들에 대한 해결방안의 모색이 경시되어 있었다는 점들이 문제점으로 지적되어 왔다.

3. 지식정보의 중요성과 영향

증기기관의 발명으로 시작된 산업혁명은 유럽에서 그 변혁의 물결이 시작되어 대량생산과 대량소비로 특징지어지는 산업사회를 이룩하였다. 세계는 탈공업화 현상을 기반으로 한 제2차 산업혁명으로 일컬어지는 급격한 변화를 거쳐 왔다. 이러한 변화현상에 대하여 존 나이스비트는 "메가트렌드", 즉 삶의 방식을 전체적으로 변혁시키고 있다고 인식한 사실은 앞에서 언급한 바와 같다.

산업사회에서 지식정보사회로 전환해온 거대한 변혁에 대하여 1980년대 초 거대한 정보혁명의 물결이 밀려올 때 다음과 같은 시각으로 이를 구분하였다.

(1) 매스미디어의 급격한 발전으로 더욱 많은 정보가 주어져 소위 정보의 폭발사회가 온다고 보고, 이것이 정보화사회라는 그룹이다.

(2) 로스토우의 경제발전단계설을 토대로 하여 고도 대중소비단계 이후의 새로운 단계로서 고밀도 공업화사회로 이러한 사회의 구성요인 중 가장 중요한 요인으로 정보의 역할을 크게 평가하여 여기서부터가 정보화사회라고 하는 그룹이다.

(3) 인류를 지배하는 사회적 기술로서 물질·에너지 그리고 정보의 3가지로 상정하여 농경사회는 보다 물질에 의존하고 산업사회는 보다 물질과 에너지에 의존해 왔는데 이제부터는 물질과 에너지에 정보가 추가된다 하여 이를 정보화사회라고 하는 그룹이다.

(4) 제1차 산업혁명이 증기기관의 발명에서 비롯된 것임을 들어 제2차 산업혁명이 컴퓨터에 의한 것이라고 생각하여 컴퓨터의 영향

으로 변해가는 사회를 정보화사회라고 하는 그룹이다.

(5) 다니엘 벨이 제창한 탈공업화사회의 개념을 바탕으로 한 것으로 재화의 생산을 중심으로 한 지금까지의 사회로부터 정보생산을 중심으로 하는 변혁해가는 사회를 정보화사회라고 분류하여 연구해왔는데 이들은 대부분이 정보의 중요성을 크게 인식했었다는 공통점이 있다.

정보는 "의미 있는 기호 및 기호의 체계" 혹은 "의도를 갖고 정리 또는 가공되어진 자료의 집합"이라고 정의할 수 있으며, 정보는 "어떤 일을 알려 주는 것 또는 전달받는 것, 알림, 지식, 알리는 사람, 알리는 기관, 고발, 고소" 등 많은 의미를 가지고 있다. 또한 정보는 수집된 자료를 이용자의 목적에 따라, 기록, 분류, 정리, 요약 등 여러 가지 자료의 처리과정을 거쳐서 작성된 현재와 미래의 의사결정에 유용한 지식으로서, 사실 자체만을 나타내는 자료와는 차이가 있다. 이러한 관점에서 정보의 특징을 살펴보면 ① 비소비성, ② 비이전성, ③ 누적효과성, ④ 비분할성, ⑤ 수확체증의 법칙, ⑥ 네트워크 외부효과성, ⑦ 가치의 불확실성 등이 있다.

이를 구체적으로 정리하면 다음과 같다.

┃ 정보의 특징 ┃

정보의 특성	내 용
비소비성	정보는 아무리 사용해도 소비되지 않는다.
비이전성	정보는 이전되지 않고 소유주에게 계속 남아 있게 된다.
누적효과성	정보는 쌓일수록 그 효과가 누증한다.
비분할성	정보는 집합되어 있는 그대로 사용된다.(분할되지 않는다)
수확체증의 법칙	정보는 복제를 통해 무한히 재생산할 수 있다.
네트워크 외부효과성	정보가 공유됨으로써 총가치가 증가될 수 있다.
가치의 불확실성	정보의 가치는 사용자와 사용목적에 따라 달라진다.

* 자료 : 최성모 편(정보사회와 정보화 정책) 재구성

일반적으로 "정보화"라고 하는 경우는 2가지 측면이 있다. 하나는 국민의 욕구·가치관의 다양화, 사회시스템의 성숙화에 따라 정보의 중요성이 고조되어 온다는 "필요적 측면"이고, 다른 하나는 전자공학의 기술이나 통신기술이라 부르는 정보의 전달·처리수단의 고도화·다양화가 가져오는 "원인적 측면"이다.

다니엘 벨은 그의 저서 「탈산업화사회의 도래(The Coming of Post-industrial)」에서 사회를 특성에 따라, 산업화 이전의 사회, 산업화사회, 탈산업사회로 구분하였다. 다니엘 벨이 이야기하는 산업화 이전의 사회는 인구의 60% 이상이 농업, 어업, 광업에 종사하는 사회이며, 산업화 사회는 대량생산을 위하여 기계적 에너지를 사용하는 사회, 그리고 탈산업사회는 지식과 정보를 생산하고 서비스가 증가하는 사회로서 다니엘 벨은 탈산업사회라는 개념으로 사회구조의 변동, 즉 사회변동이 사회적 삶의 전반적 성격에 중요한 변화를 가져온다고 주장하였으며, 이러한 차원에서 탈산업사회의 다섯 가지 핵심적 차원을 규명하였다.

(1) 경제부문 : 재화생산에서 서비스경제로의 변화
(2) 직업분포 : 전문기술직 계급의 부상
(3) 기축원리 : 사회의 혁신 및 정책형성의 근원으로서 이론적 지식의 중심성
(4) 미래지향 : 기술통제와 기술적 평가
(5) 의사결정 : 새로운 "지적 기술"의 창출

피터 드러커는 그의 유명한 저서인 「NEXT SOCIETY, 2002」에서 현대사회가 자본주의사회에서 포스트 자본주의사회로 변하고 있으며, 가치를 생산하는 것은 자본이나 노동이 아니라, 지식과 정보로 변하고 있다고 하였다. 산업사회에서 부를 창출하는 생산력의 핵심이었던 자본과 토지, 그리고 노동은 더 이상 기본생산수단이 아니며, 새로운 생산수단은 지식과 정보, 기술 노하우, 제품설계, 마케팅기법 등 지식자원

에 의존한다고 하였다.

2012년 현재 산업별 고용자 수는 총 2,311만명이며, 이 중 6.8%인 157만명이 1차 산업인 농업, 어업, 임업에, 16.6%인 383만명은 2차 산업인 광공업과 제조업에, 76.7%인 1,771만명은 정보산업과 서비스업에 종사하고 있다.

산업연구원에 따르면 우리나라 지식서비스 부문의 연평균 산업 총산출 성장률이 제조업을 앞지른 것으로 나타났다. 지난 1995년부터 2007년까지 국내 지식서비스산업의 총산출 연평균 성장률은 7.6%로 각각 6.3%에 그친 일반서비스업과 제조업을 앞질렀다. 산업연구원은 통신, 방송, 금융, 보험, 연구개발, 광고, 건축공학관련 서비스, 교육, 의료보건, 출판 · 문화 등을 지식서비스산업으로 분류했다. 이에 따라 산업 전체의 총산출에서 차지하는 지식서비스산업의 비중(2005년 불변가격기준)도 1995년 14.1%에서 2007년 17.3%로 꾸준히 상승세를 보였다. 산업 전체의 총산출 증가액에서 점하는 산업별 산출 증가액의 비율을 나타내는 성장기여도에서도 지식서비스 산업은 일반서비스에 계속 뒤지다 2005~2007년 앞서기 시작했다.

현재 시중에서 9988을 이야기하고 있다. 이 말은 우리나라의 고령화 사회의 진입에 따라 99세까지 팔팔하게 살아가자는 의미도 있지만 우리나라에서 중소기업 수가 99%이고 대기업수가 1%이며, 중소기업이 전체 고용의 88%를 차지하고 있다는 의미이다. 제조업은 성장을 해도 고용은 줄어들고 있다. 설비의 자동화 현상과 자동화기기를 사용함으로써 매출과 생산은 늘어나도 고용은 줄어드는 현상이다. 이는 통계청에서 발표한 취업유발계수에서도 나타나고 있다.

글로벌경제에서 가장 대표적인 것이 금융과 유통이다. 세계금융 위기의 지속과 금융빅뱅 현상으로 세계적인 금융기업들이 도산하고 재편되고 있다. 우리나라에서도 2000년대 초 시중은행 4개가 퇴출되고 은행과 금융기업의 통 · 폐합과 퇴출이 지속되고 있으며, 2009. 2. 자본시

장통합법의 시행으로 보험, 은행, 증권사 간 칸막이가 없어진 것이 대
표적인 현상이다. E-마트, 월마트, K-마트와 같은 대형 유통업체가 하
나 생기면 500개에서 2,000개의 구멍가게가 문을 닫는다. 이것이 글로
벌경제하에서 자영업의 대란이다. 우리나라에 780만 전체 일자리의
34%가 자영업이다. 우리나라에 음식점이 80명 인구당 1개소이다. 이는
OECD 등 선진국보다 과도하게 많은 숫자이다.

Chapter 7

21세기 인류과제 :
인간과 자연의 조화로운 공생

도올 김용옥은 21세기는 노자의 시대라고 하였다. 노자는「도덕경」에서 사람은 땅을 본받고, 땅은 하늘을 본받고 하늘은 도를 본받는다. 그리고 도는 자연을 본받는다고 하였다. 사람이 자연을 본받기 위해서는 작위적인 부자연스러운 생활양식을 하지 말고, 천지인의 근원적인 질서로써 우주의 근본법칙을 따라야 한다고 하였다. 여기에서 자연은 산과 바다 같은 산천을 말하는 것보다 천지인의 근원적 질서인 우주의 근본법칙을 말한다고 볼 수 있다.

도올은 21세기 인류가 당면한 과제 중 인간과 자연의 화해가 으뜸가는 과제라고 하였다. 19세기 산업화로 인한 환경파괴와 20세기 과학기술과 황금만능주의적 물질문명의 확산, 급속한 경제발전으로 인한 산업화와 정보화의 동시추구로 인한 이중격차, 가진 자와 못가진 자, 부자나라와 가난한 나라의 양극화와 격차로 인한 세계질서의 불안요인과 21세기 화석연료 고갈 및 기후변화로 인한 지구생태계 변화, 황금만능주의적 물질문명으로 인한 한계상황은 인류와 자연의 공존공생과 인류의 지속가능한 생존, 물질과 정신문명의 조화와 균형을 위하여 인간과 자연의 화해의 목소리에 귀를 기울여야 한다.

로마클럽의 창시자 아우렐리오 페체이 박사는 지구의 유한성이라는 문제의식을 가지고 환경오염, 인구의 폭발적 증가 등 인류가 처한 위기를 모면할 길을 찾고자 로마클럽을 창설하여 세계경제가 고도성장의 길을 가고 있던 1972년에 "성장의 한계"를 발표하였으며, 로마클럽은 이후 "마이크로 전자기술과 사회", "제1차 지구혁명", "확실성의 한계" 등을 잇따라 발표하였다.

그는 "인간이 욕망에 지배되어 물질적·환경적 조건의 충족에 따른 행복추구에 사로잡히면 참행복은 없다. 그리고 이기적인 욕망이나 본능적 충동에 지배당하지 않는 주체성을 확립해 타인과 협조하여 자연과 조화를 이루는 삶이 바로 행복 실현의 길이다. 그 삶은 인간의 생명에 내재하고 우주만물을 통합하는 영원한 법칙에 융합해 가는 속에 확립되고 그곳에 인간혁명의 길이 있으며, 인간은 내면의 변혁을 이루지 못하면 인류가 짊어진 모든 문제를 해결하지 못한다. 외부자원은 한정되어 있지만, 인간의 내적 자원은 무한하다. 그 자원을 이끌어내는 것이 인간혁명이다."

"더 늦기 전에! 다음 세대를 위하여 해나갑시다."하고 페체이 박사는 생전에 늘 외치고 다녔다.

페체이 박사가 1984년 사망하기 전 발표한 "인간과 자연"은 그의 이러한 생각이 잘 드러나 있으며, 21세기의 첫 10년을 보낸 지금 전 인류의 당면과제에 대하여 너무나 또렷하게 자연과의 화해를 주창한 그의 글은 30년이 지난 지금도 변함없는 길잡이가 될 것으로 생각하므로 독자들의 이해를 돕기 위하여 간략하게 재구성하여 소개한다.[1]

---

1) 페체이 박사의 "인간과 자연"에 관한 글과 세계 주요 언론기관의 인터뷰, 일본의 이케다 다이사쿠와 대담한 내용을 묶어서 정보통신정책연구원에서 「21세기의 경종」으로 1986년 출간 소개한 바 있다.

1. 서로 뒤얽혀 있는 문제들

오랜 과거의 지나간 시대부터 계속되고 있는 문제들과 오늘날의 복잡한 문제들은 상호 뒤얽혀 또 하나의 새로운 문제들을 낳고 있다. 우리는 막대한 지식량과 기술적 수단을 가지고 있음에도 완전히 당혹하고 무력감에 빠져 극복할 수 없는 위기감을 느끼고 있는 것이다. 현대의 세계를 불안정하고 예상할 수 없는 위험한 것으로 만들고 있는 뒤얽힌 요인들이 무수히 산재되어 있는 것은 극히 명료한 사실이다. 무수한 원인의 근저에는 인류가 전 지구적 규모에서 달성한 모든 생명체에 대한 우위적 입장이 바로 그것이다. 인간이 획득한 절대적 지배자 입장은 지나칠 정도로 급격한 것이어서 우리는 거기에 충분히 순응할 수 없었으며 만족스럽게 통제하는 기술을 발견하지 못하고 있다.

오늘날의 새로운 제 문제들을 과거의 정치, 경제, 군사적 난제들을 해결하듯이 취급함으로써 현상황을 더욱 악화시키고 있다. 지금까지 해왔던 독자적이고 개별적으로 취급할 수 있는 단순한 것으로 처리한 방법은 오늘날 완전히 새로운 상황에 직면하고 있다. 이러한 문제들은 인간시스템 전체의 기능부전에서 생기고 있으며 제 문제의 새로운 미로는 각각 서로 분기되어 끊임없이 상호 간에 영향을 주고받고 있는데 로마클럽은 이를 "세계문제 복합체"라 부르고 있다. 이 문제 복합체의 개개부분에 개별적 해결시도는 무모한 노력이다. 하나의 전체는 다른 전체와 연결되어 있기 때문에 원인도, 문제도, 해결법도 모두가 거대한 하나의 연속체로서 사물의 세계성이라는 전체의 동태적인 실상을 고려해야만 한다. 샤르댕은 "사물을 관찰할 때에 어느 각도에서 볼 것인가가 더욱 중요하다."고 하였다. 현재의 문제 복합체를 포괄적으로 검토하기 위해서는 몇 가지 착안점을 선택하여야 한다.

현대인들은 경제적인 고찰을 가장 중요시여기는 경향이 있는데, 경제적인 측면은 주로 특정한 국가나 계급, 문화의 이익을 반영하거나 예기치 못한 긴급사태에 대응하는 데 적절할런지는 몰라도 "문제 복합체" 전체를 대표할 수는 없다. 우리는 인간조직 전체의 핵심을 찌를 수 있고 또한 전 지구적 시야를 가질 수 있도록 착안점을 선택하여야 한다.

이것은 인간과 자연과의 관계를 최우선함으로써만 가능하다. 인간과 자연의 관계가 최근 거쳐온 커다란 변화와 미래에 확실히 일어날 수 있는 다른 어떤 요소와 결합하여 인간생활을 결정적으로 좌우할 것임이 확실하기 때문이다. 우리는 인간이 생물·물리적 세계와의 관련 속에서 어떠한 입장에 있는가를 고려해야만 한다.

우리는 그 일부를 형성하고 있으며, 우리의 존재 자체가 궁극적으로 거기에 의존하고 있기 때문이다.

2. 일주일간의 지구 연대기

따라서 우리의 시야는 공간적 척도나 시간적 척도에 있어서도 극히 원대해야만 한다. 인류가 지구상에서 얻은 지배적 입장은 무수한 세대에 걸쳐 선조들이 주도해온 끈질긴 증식과 정복에 따른 결과이며, 오늘날 그 절정에 도달하고 있다. 이러한 현재에서 출발하여 미래를 전망하기 위해서는 현재의 상황과 미래의 상황이 어떻게 달라졌는지 인식해야만 한다.

우주의 시작은 137억년, 태양은 50억년, 지구는 약 46억년 전에 형성되었으며, 생명은 지구의 원시바다에서 대략 35억년 전에 탄생되었다. 지구의 형성과 생명출현을 일주일의 연대기에 비교해 보면 지구가 월요일의 최초 1분 동안에 탄생했다고 가정하면 생명은 목요일 아침 일찍 태동하기 시작하여 그 뒤 조금씩 끊임없이 몇십억종이나 변종으로 태어나 번식하고 진화하여 새로운 변종을 낳고 분화해 왔으며, 장구한 시간이 소요되었다. 포유동물이 출현한 것은 약 2억년쯤 전이다. 일주일간의 지구 연대기로 보면 토요일 저녁이 이미 저물어갈 무렵이다. 최초의 유인원이 삼림을 버리고 평지로 나와 직립보행을 하고 수렵·채취를 하기까지에는 상당히 오랜시간이 걸렸다. 유인원들은 양손이 자유롭고 새로운 일을 하는 데 사용할 수 있다는 것을 깨닫고 이러한 일들로 인하여 두뇌의 발달을 가져오고 더불어 역사적인 인간화과정이 시작된 것이다. 이것은 1천만년 전에 일어난 일이니 일주일간의 연대기에 토요일 오후 11시 45분 사이에 해당하는 시간이다. 이 짧은 최후의 시간이 지나가려고 할 때 중대한 사건이 임박했다. 자연이 낳은 최후의 중요한 존재인 호모 사피엔스가 지구상의 도처에 첫선을 보인 것은 1백만년 전 자정을 알리는 시계소리와 함께였다.

그리하여 〈인간의 시대〉가 개시되었으나 인간이 행한 최초의 일은 다른 영장류, 그리고 각종 다른 생물과 투쟁하는 일이었다. 인간의 등장과 더불어 일요일이 다른 요일들과는 현격하게 달라졌다. 현재 인간은 일요일 아침의 시발점에 있으며 인간은 다른 생물 중에서도 아직 신참자이고 인간의 출현과 더불어 이 행성상의 모두가 변화하였다. 인간에 의해 시작된 새로운 시대는 지극히 불균형적이고 기묘한 것이다. 이 시대는 2기로 나눌 수 있다. 인간의 백만년 역사의 99%를 차지하는 선사시대와 그 이후의 유사시대가 그것이다. 선사시대를 통해 인간은 강인함을 몸에 익혔으나, 아직 원시적이었고 비교적 느린 속도로 일을 진척 시키고 있었다. 그 후 돌연히 지금부터 1만년 전 정도에 인류는 만사를 선택하는 속도가 빨라졌다. 그로 인해 우리의 선조가 행한 것이나 기록한 것, 또한 우리에게 전승해 준 모두는 유사시대라 불리는 1만년 동안에 일어난 것이다. 이 기간은 인간시대 전체의 불과 1%에 지나지 않으며 더구나 앞에서 이야기한 일주일간의 지구 연대기 전체를 통털어도 우주론적인 비교대상에 있어서 겨우 1초에 해당하는 시간에 불과하다.

3. 물질혁명의 성과

　　비교적 짧은 유사시대의 기간에 인간들은 선사시대의 전기간 중에 그들의 조상이 이룩해 놓은 것보다 경악할 정도로 많은 것을 이루어 왔다. 그 후 지구상을 탐험하며 식민지나 교역지, 그리고 마침내 강대한 제국을 구축하여 인간의 지배를 강화하였다. 인간정신은 스스로가 창출한 종교에 의하여 더욱 고양되고 인간생활은 예술과 문화에 의하여 더욱 풍성하게 되었다. 탐구적인 인간의 마음은 물질의 본질이나 생명의 불가사의에 대해 보다 많은 것들을 배우도록 단련되어져 왔다. 그러나 지금까지의 인간의 향상은 항상 자연에 대한 경의와 존엄으로 가득차 있었다. 새로운 토지나 하천, 식물 등을 발견했을 때, 혹은 망망대해를 보다 안전하게 항해하는 기술을 배웠을 때 인류는 자신들이 살고 있는 지구라는 환경의 압도적인 위력과 장엄함에 감사하고 경의를 표한 것이다. 이러한 인간의 향상은 완만한 속도로 이루어졌다. 그러나 그 후 인류의 변화속도는 빨라지고 인간은 스스로를 보다 강자로 인식함과 동시에 자연계의 사건이나 그 속박에 의존하는 것이 점차 줄어들게 되었다. 가장 새로운 가속의 단계는 지금부터 약 200여년 전에 시작되었고 그 후 그 속도는 산업, 과학, 기술 각 분야에 혁명의 바람을 일으켰다. 이러한 물질혁명은 그때보다 더욱 예기치 못한 지식과 힘을 우리 세대에 초래했다. 인간의 조건과 감정이 전적으로 변화하게 된 것이다. 현대인은 여기에 만족하지 않고 자기를 주장하고 욕망을 즉석에서 만족시키는 것만을 목적으로 하여 지구상의 사물의 질서에 변이를 일으키려고 스스로의 막대한 새로운 자산을 이용하는 현 인류의 제멋대로

이고 난잡하고 무책임한 행동은 이제 한계가 없는 듯 하다. 그리고 타인에게 가하는 희생이나 모든 윤리적 기준이 침해되는 것은 상관하지 않고 지상권력을 위하여 서로 다투며 즉석에서 이익을 얻어내려고 살인적인 경쟁에 몸을 내던지고 있는 것이다. 더구나 다른 한편으로는 스스로의 환경을 황폐하게 만들고 있는 것이다. 사실 현재 인류의 뛰어난 지식과 힘이 최대한으로 악용되고 있고 그에 따른 최악의 결과가 생겨나고 있는 것은 우리들이 자신의 지식이나 힘에 의해 너무나도 오만하고 자기중심적으로 되어 자연과의 교감(communion)을 망각해 버렸기 때문이다.

옛날부터 무수한 동식물은 인간의 동료였고 인류의 생존을 뒷받침해 주었다. 그런데 오늘에 이르러 우리는 그들을 극히 단기간에 무제한으로 참살한 것이다. 또한 다른 생물들과 함께 의존하고 있는 대지나 공기와 물 그 자체를 오염시키고 황폐하게 함으로써 스스로의 환경까지도 악화시켜왔다. 인류는 무질서하게 확산되는 인공적인 도시나 공업 등 갖가지 종류의 인공적 제도로 구성되는 거대한 테크노 스페어(인간 중심의 공업 · 과학기술)를 형성하여 왔는데, 그동안 그러한 것들이 점차 필요로 하는 공간이나 자원은 자연구조를 희생으로 하여 획득되고 있다는 사실과, 또한 그러한 것들이 확대되고 있다는 것은 인간 자신을 반자연적이고 기계적이며 인구가 과다한 생활양식의 틀에 복종시키게 된다고 하는 사실을 생각하려고 하지 않았던 것이다. 사람들은 이제 값비싼 대가를 지불해야 한다는 사실을 겨우 인식하기 시작했다. 그것은 지구가 다른 많은 형태의 생명체의 공헌에 의해 현재의 모습으로 존재하는 것이며 그로 인해 세상이 더욱 아름답고 관대해짐에도 불구하고 이 지구를 마치 인간들만의 거주지인냥 개조하려 했던 인간의 욕심에 대한 대가이다.

4. 우리 모두의 자각

　지금까지 시도한 우주적 시간과 인류역사와의 비교는 정밀한 것은 아니지만 이 비교는 적절한 시간의 틀 속에서 인류의 전 시대를 제시함과 동시에 인류가 커다란 동태적인 전체에 속하고 있음을 강조하고 있으며, 인간과 자연의 일체성이야말로 인간 존재의 기본적 요소임을 시사함과 동시에 우리가 자연을 약하게 하고 자연과의 유대를 약화시키기 위해 행하는 어떤 행동도 결국 인간 스스로를 약화시키는 것임을 강력히 경고하고 있는 것이다. 다시 말해서 자신들의 것이라고 주장하는 이 지구에서 스스로를 특권적인 지위로 끌어올리긴 했지만 만약 이 행성 위에서 탐욕스런 폭군으로서 행세하는 것을 멈추지 않는 한 스스로의 지위는 위험하게 될 것이며 어쩌면 멸종의 위기를 맞게 될지도 모를 일이다.

　보다 전체적으로 말하면 우리들의 방대한 지식과 힘을 사용하여 이 생명조직체를 어떻게 변화시켜 갈 것인가에 인류의 미래가 달려 있다. 중요한 사실은 인류의 미래가 역사상 처음으로 전 지구적 차원의 미래가 될 것이라는 점이다. 그것은 각각 독립된 국가나 지역이 아니라 인류 전체를 포함하는 것이 되리라는 사실을 명심하여야 한다.

　이는 잊혀지고 있는 것이지만 우리 생활에 있어서는 기본적으로 자연이 우위에 있다. 그러나 인간은 동시에 자연과의 관계를 변혁할 새로운 능력도 갖고 있다. 이 두 가지 사실을 고려해 보는 것은 매우 중요하다. 쌍방이 여러 가지 형태로 제시됨으로써 인간의 시야는 비로소 폭넓게 되는 것이다.

　이것은 마치 하나의 주제에 의한 변주곡이 음악의 아름다움을 강조할 수 있는 것과 같다. 예를 들면 인간은 항상 수세에 몰려 있는 약자로 출발했다는 것이다. 일찍이 인간의 수는 매우 적었다는 것 등은 어떠한 시대에서나 생각해 볼 가치가 있다. 인간은 수십시대에 걸쳐 가족이라는 테두리 속에서만 생활하였으나, 두뇌와 손의 기능을 발달시켜 피신처를 만들기도 하고 도구나 무기 등을 생산하였다. 그리고 야생동물의 위험이나 기후의 격변으로부터 스스로를 지킬 수 있게 되어 최초의 원시사회를 형성하게 되었다. 인간이 종족으로써 존재할 수 있었던 것은 선사시대 이래의 인간의 진취적 기질 덕분이다. 인간을 둘러싼 많은 변화가 일어나기 시작한 것은 지금부터 1만년 전의 일이다. 이후 식물과 약초, 가축을 키우고 식량을 다음 계절까지 보존하게 됨에 따라 그들은 차츰 한 곳에 뿌리를 내리게 되었고 마침내 촌락을 형성하게 되었다. 그 후 인구가 증가하고 인류의 팽창속도나 규모가 변해 갔으며, 그 속에서 고도의 문화가 꽃피게 된 것이다. 이러한 거주, 정복, 지배라고 하는 역사의 주기 속에서 최후의 단계 그 자체는 극히 단기간이긴 하지만 지금도 계속되고 있다. 이 단계는 근대 민족국가의 형성에서 시작되었다. 신이나 국왕과 조국의 이름을 빌려 행동을 일으켰고 그들의 언어나 국가나 법률을 지구의 가장 먼 지역까지 확대해 갔다. 이 단계는 세계적인 식민지 해방의 과정과 초강대국이었던 자유진영과 공산진영의 2개의 제국 대립과정과 오늘날의 G20 국가와 G2 국가의 등장에까지 계속되어 오고 있으며, 이러한 격동에도 불구하고 그 기간은 불과 200여년으로 이는 인간의 유사시대의 2% 정도밖에 지속되지 못했다. 인류 전체가 물질문명에 동요되고 지식·힘의 진전의 면에서 보면 완전히 새로운 단계로 도약했지만 현대는 정치적·문화적으로는 여전히 과거에 속해 있다. 역설적으로 보면 인간의 그 힘은 절정에 달하고 있지만, 오늘날과 같은 위기에 선 적이 없었기 때문이다.

　우리의 판단착오나 무책임한 행동의 결과가 어떻게 되리라는 것은 명료하다. 인류는 매우 많은 질병들을 극복해 왔는데 인구의 증가를 감안하지 않아 세계의 인구는 경이적으로 증가하고 있다. 또한 기회만 있으면 놓치지 않고 싸우려 하는 주권시대에 군사기술을 크게 발달시키고 있다는 것은 전 인류가 실제적으로 심각한 불장난에 참여하고 있음을 의미한다. 전속력으로 돌진하여 물질의 소유와 소비에 빠져 있는 현대인들은 전 지구적 차원에서 물질·식량·서비스에 대한 욕구를 극단적으로 팽창시켜 왔다. 또한 인공적인 필수품을 산출해내고 끊임없이 유행을 새롭게 하고 기술적으로 졸속한 신제품을 디자인하고는 그것이 필수불가결하다고 간주되는 범위를 기묘하게 확대해 왔다. 그리하여 만연하고 있는 맹렬한 군사제일주의와 소비주의의 대세에 대항하기 위해 인류가 생각해낸 유일한 방법은 점차로 자연환경을 이용하는 것이었다. 즉, 가장 손쉽게 얻을 수 있는 금속·연료의 광산이나 손에 넣을 수 있는 온갖 생물자원을 닥치는 대로 개발했던 것이다. 그 결과 단 하나밖에 없는 지구를 어찌할 수 없을 만큼 고갈시켜 버렸다. 모든 것에는 한계가 있는 것이다. 지구의 자원이나 자연환경이 무한한 것은 아닌 것이다.

아무리 오늘날 우리를 둘러싼 다른 모든 여건이 나아진다 해도 자연에 대한 인간의 정도 없는 행위는 인류의 파멸을 초래할 뿐이다.

5. 인간의 압력

생물권(bio-sphere)이란 조밀하게 짜여진 하나의 커다란 생명체계를 말한다. 이것은 지구를 둘러싸고 있는 물, 대기, 토양의 얇은 층에 의해 유지되고 있으며, 매우 상처받기 쉬운 나약한 체계이다. 우리의 경험과 논리가 시사하는 바에 따르면 지금 생물권 내에 인간의 압력이 계속 급증하고 있는 것처럼 어떤 체계 속에서 하나의 요소가 급격하게 증가할 경우 보통 두 가지 반응이 나타난다. 즉, 그 체계가 견고하다면 그러한 변칙적 요소는 억제할 수 있지만, 그렇지 못할 경우는 그 요소에 압도·파괴되거나 적어도 변화를 수반하는 것이 일반적이다. 인간은 거침없이 인구를 증가시키고 경제를 발전시키고 있으나, 이에 의해 인류 자체가 그러한 위험에서 허용되기 어렵게 되어가고 있는 것은 아닌가, 그리고 이 지구상의 본질적으로 유한하고 상처받기 쉬운 생명체계를 파괴 또는 변화시킨다고 하는 어쩔 수 없는 결과를 낳게 되는 것은 아닌가 등에 대해 최근에 이르러 자문하게 되었다. 만약 인류가 그러한 인식을 시작했다면 아직 시간이 있을 때 자발적으로 치유해야만 할 것이다. 그렇게 하지 않으면 인간이 지구에 끼친 피해의 대가로 그들은 어떠한 형벌도 감수할 수밖에 없기 때문이다.

여기서 가장 중요한 문제는 생물권에 대한 인간의 간섭과 재생가능한 자원의 이용이 그러한 자원의 본래적인 재생능력을 초월하고 있는지 어떤지 하는 점이다. 다시 말해서 이 문제는 오늘날의 수십억의 인류가 그들의 기술·과학적, 공업적 숙달에 도취되어 물질적 복지를 구가하고 있지만 어떤 이유에서도 생태계 균형을 초월한 복지란 있을 수 없다는 사실이다.

오늘날 인류문명의 번성이 지구상의 생명권에 끼친 영향을 부정할 사람은 아무도 없을 것이다. 또한 인류가 생태계에 가한 파괴, 감퇴, 조작이 어떤 대가로도 보상이 불가능한 커다란 과오라는 것도 부정할 사람은 없을 것이다. 인간이라면 누구나 이러한 행동이 옳지 못한 것임을 잘 알고 있음에도 불구하고 지금 이 순간에도 세계 도처에서는 그러한 인간의 비행이 그칠 줄 모른다는 것은 서글픈 현실이 아닐 수 없다. 인간이 자신과 환경에게 가한 손해를 보수하고 양자 간의 잃어버린 균형을 회복하지 않으면 안 되는 것이다. 그렇게 함으로써 비로소 인류는 현재의 상황을 역전시킬 수 있을 것이다. 이러한 사실을 인식하고 또 그에 따라 행동하는 것이 현대의 가장 중요한 과제이며, 동시에 이 글의 핵심적 주제이기도 하다.

인간이 문화적 균형을 회복하고 스스로의 사고에 조금이라도 정당함을 회복시키기 위한 가장 현명하고도 용이한 방법은 인간과 자연 간의 기본적 진리에 대한 의식을 높이는 것이다. 만약 생명의 윤리라고 하는 핵심적인 분야에 확고한 문화상·행동상의 기초가 확립된다면 그것만으로도 현 인류의 우둔하고도 무관심한 상태를 과감히 뛰어 넘을 수 있는 커다란 전제가 될 것이다. 그리고 그 결과 다른 분야까지 성과를 올리는 것도 보다 용이하게 될 것이다. 그렇게 되면 서서히 연쇄반응이 확산되어 마침내는 보다 성숙한 태도와 책임감 있는 사회로 진전되어 갈 것이다. 따라서 이 논제에 조금 더 깊이 들어가는 것은 설령 그것이 아무리 중복된다고 하더라도 그 만큼 가치 있는 것이다.

6. 환상적 희망

물질문명은 인간의 능력을 과도하게 증가시켜 기대를 부추김으로써 역사의 흐름을 근본적으로 변화시키고 인간생활을 더욱 인공적이고 복잡한 것으로 만듦과 동시에 보다 많은 새로운 일련의 부자연스러운 문제와 위기를 야기시킨 것은 확실하다. 불과 200여년 전의 산업이라면 몇 대의 방직기나 증기기관 혹은 그 밖의 간단한 장치가 한정된 일손을 돕는 정도를 말했다. 그러나 오늘날에는 세계의 산업체제가 놀라울 정도로 질적·양적인 팽창을 거듭하여 현대문명의 상징으로 되고 있다. 더구나 산업혁명은 지극히 강력하여 정확히 그 자체가 충족시킬 수 있는 범위와 세계의 자원기반이 뒷받침하는 범위를 넘어선 수요를 산출한 것이다. 산업혁명 직후에 도래한 과학기술 혁명은 인간의 지식체계를 극도로 크게, 그러나 불균형적으로 확대시켰다.

현대인류는 유전자 정보에 이르기까지 생명의 신비에 대해서도 또는 우주를 정연하게 움직이면서 아주 작은 입자를 비롯한 전체의 입자를 결합시키는 물질의 법칙에 대해서도 현기증이 날 정도로 방대한 지식을 가지고 있다. 그런데 인간의 존재나 행위 혹은 행복에 있어서 가장 중요한 다른 분야에 대한 우리의 지식은 너무나 적다.

인류의 총지식량이 7년 또는 10년마다 증가하고 있는 것은 분명하나 이 지식의 축적은 불균형하며 이 상태는 금후에도 계속될 것이다. 이른바 정밀과학이 과학에 대한 투자 전체의 대부분을 차지하고 있는 데 반해, 정신과학·사회과학·인문과학 등은 방치되고 있다. 그리고 역사상 지금까지 등장했던 과학자의 90%가 현재까지 활약하고 있다고 추정되는데 그 중 과반수 이상이 군사방위계획에 가담하고 있다. 이외에도 일반대중에게는 가능한 모든 정보나 자료를 흡수하고 소화하고 잘 이용할 준비가 되어 있지 않다. 때문에 세계의 일반대중의 손에는 믿을 수 없을 만큼 커다란 과학의 혜택 중 비교적 약소한 부분만이 흘러 들어가는 것에 불과하다. 과학의 전 면모, 즉 순수한 상태로 돌아가 과학의 이용을 유용한 목적으로만 한정하기 위해서는 우선순위와 노력면에서 방대한 재편성이 필요하다.

과학지식을 일상생활에 적용함으로써 발생된 기술혁명에 대해서도 이와 같은 사려가 있어야 한다. 오늘의 기술혁명이 부유계층의 지위·권력·위신의 증대에만 초점을 맞추어온 것은 부인할 수 없는 사실이다. 그러나 기술은 그 영향력이 극히 광범위하기 때문에 세계 각지의 사람들에게 이전에 누리지 못했던 복지와 안락을 줄 것이라는 환상적 희망을 부추기고 있다. 즉, 인간의 모든 문제가 기술력에 의해서 쉽게 해결될 수 있으리라는 과대망상이 인간의 현실감각을 흐려놓고 성장의 신화를 창조하며 도덕을 땅에 떨어뜨리고 있으며 작업에 대한 태도를 돌변하게 하였다. 이것이 현대위기의 중요한 원인이 되고 있는 것이다. 지평선 위에 조금씩 드러나기 시작한 기술상의 더욱 새로운 돌파구는 인간에게 끊임없이 밝은 희망을 주고 있다. 그러나 그러한 희망은 결국 허망한 꿈에 불과했다. 오히려 인간의 어리석음만 부채질했는지도 모른다. 지금 우리는 깊은 바다 전설 속의 엘도라도(황금의 나라)를 파고 있는 것은 아닌지, 유전공학을 통해 식물과 동물 그리고 인간조차도 질적으로 개량하거나 인간활동을 모두 로봇화·정보화하여 군사항쟁에 있어서의 중간준비지역을 대륙 간의 공중이나 고층대기권으로 이동시킨다거나 하는 각종 방법에 의해 스스로의 운명을 바꾸려하는 마음을 일으킬지도 모른다. 그러나 그러한 방법 중 어느 것에 의해서도 무지·불관용·불평등·불안전 등을 뛰어넘어 해결할 수는 없다. 세계의 문제 복합체는 오히려 인간을 더욱 당황하게 만들고 손을 쓸 수 없게 되어 갈 것이다.

7. 자연과의 화해

그러면 마지막 본론으로 들어가서 이제까지 언급했던 혁명과 인류가 맺어온 많은 신화는 인간의 판단력을 흐려 놓았고 결국 혁명이 인간을 얼마만큼 노예화시켰는지조차도 둔감하게 만들었다. 한편 많은 혁명을 치르는 동안 인간의 세계는 잡종의 동굴로 되고 본래의 자연요소들은 인류가 만들어 놓은 인공물의 투입으로 동요되거나 변형되어 왔다. 그 결과 만들어진 상황은 대단히 급격하고도 예측하기 어려운 것이어서 우리는 그들을 쫓아가지 못하고 급기야는 적응조차 할 수 없어 그저 속수무책으로 있을 뿐이다. 따라서 인간은 현재와 같이 무질서하게 현실을 바꾸면 바꿀수록 그러한 현실과의 접촉은 멀어지고 자연계 속에 있으면서도 자연으로부터 소외당하는 결과가 되고 만다.

더 한층 변형되고 조작되고 오염되어 가는 현 세계에서 인류가 더 이상 무분별한 간섭을 계속한다면 분명 돌이킬 수 없는 결과가 되리라는 것은 명약관화한 일이다. 숙고에 숙고를 거듭하고 빈틈없는 준비과정을 거쳐 실행에 옮겨야 할 것이며 이론적으로는 인간의 안정이나 안락도 무시하지는 말아야 할 것이다. 자연시스템에는 자기조정·자기치유의 자질과 더불어 정상상태를 유지하려는 자질도 갖추고 있기 때문에 변화와 위기 속에서 적절한 유연성과 적응성을 발휘한다. 그러나 인간시스템에는 이와 같은 유연성이나 적응성의 기질이 결여되어 있다. 즉, 그들은 피동적으로 조절할 필요를 느낀다. 그런데 각종 인간시스템은 서로 다른 민족·시대·국가로 인해 상당한 차이를 보여준다. 가령 그릇된 목표를 따라 가거나 각각 상이한 논리를 따른 설계도 다반사이기 때문에 일일이 지적하거나 조절하기는 불가능하다. 한편 이들 인간 시스템은 서로 억누르고 서로 방해하며 서로 경쟁한다. 그들은 항상 대규모화·복잡화를 추구하기 때문에 서로 충돌하고 붕괴하는 위험성은 더더욱 증가되고 있는 것이다. 이제 해야 할 일은 현재의 인공적 시스템 집합체를 재건하고 지구상에서 자연시스템과의 영원한 조화를 운영하는 것이다.

이와 같이 전체를 융합하는 임무는 특정 몇 개의 국가에 일임되어서는 안 된다. 전 세계가 참가하여 공동책임 차원에서 이루어져야 한다. 그러나 불행하게도 이 목표달성의 가능성은 매우 희박하다. 또한 옛날 사바나에서 살았던 미개인이나 유사시대 초기의 유목민들이 비록 원시적이라 할지라도 순박함이 부재하는 핵의 시대에 살고 있는 그들의 후예보다 훨씬 뛰어난 자연의 해석가였고 친구였으며 중개자였음도 인정하지 않을 수 없다. 아주 근래에 이르러서야 무분별한 자원개발에 대한 자각이 일어나기 시작했다. 특히 시민들 가운데서 인간의 누적된 무분별한 간섭이 얼마나 커다란 마이너스적 효과를 미치고 있는지에 대해 인식하기 시작했다는 것은 불행 중 다행한 일이다. 다시 말해서 지구의 라이프사이클의 분열이나 재생불가능한 자원을 붕괴시키는 것이 매우 심각한 악영향을 수반한다는 사실, 이것을 일반시민들이 각성하기 시작했다는 것은 참으로 흐뭇한 일이다.

그렇다면 우리들은 어떤 결론을 이끌어내야만 할 것인가. 현상을 요약해서 말하면 다음과 같다.

인류는 이제 자연에 대해 관대·친절해야 하며 전적으로 보호해야 한다는 것도 알고 있다. 그러나 여전히 마음 한구석에는 권세욕·소비벽·변덕·탐욕 이러한 생각들이 자리 잡고 있다는 것이다. 그들은 수없이 자연을 황폐시키고 오염시켜 왔으며 심지어는 자연의 핵심부인 원생지역까지도 서슴치 않고 손상시켰다.

자연력의 기본법칙을 도태나 다양화에 의해 약화시키고 있는 것이다. 즉, 무차별하고도 무분별한 인간의 행동은 이윽고 의외의 결과를 초래하게 되어 생활은 저질화되고 신체의 통일성과 적합성은 서서히 약화되었다. 따라서 인간이 현재 누리고 있는 이 물질적인 혜택은 상당히 값비싼 대가를 지불하고 있는 셈이다. 이와 같이 인간의 행동이 초래할 엄청난 결과에 대한 자각이 일부 인간들에게서 일어나기 시작했다는 것이다. 그러나 이것을 자각하는 것만으로는 충분하지 않다. 진정으로 필요한 것은 이대로 계속 나아간다면 자연과의 충돌을 피할 수 없다는 것, 방향을 바꾸지 않으면 비참한 운명에서 헤어날 수 없다는 것을 확실하고도 완벽하게 인식하는 것이다. 그렇기 때문에 아무리 그것이 물질문명에 대한 신뢰나 현대인이 이제까지 구축해온 진보 · 부유 · 복지 · 문명 등의 개념을 근본적으로 흔들어놓는 결과가 된다고 해도 우리의 현재의 견해나 자세를 철저히 재평가해야만 할 때이다. 즉, 인류의 미래가 안전한 항해를 계속하기 위해서는 사고와 행동상의 새로운 지침이 불가결하다. 그 중에서도 가장 중요한 사실은 다음과 같은 고찰이다. 인간이 자연과 다시 화해하고 자연과의 조화를 회복하는 데 성공하지 못하는 한 어떠한 다른 문제와도 정당히 맞설 수 없으며 어떠한 경제적 · 사회적 발전도 불가능하며 어떠한 계획이라도 비현실적으로 되며 후손들에게 바람직한 어떠한 문화유산도 전달할 수 없다는 것이다. 즉, 어떠한 방법으로도 영원을 기약할 수는 없다는 것이다. 자연과의 화해 · 조화야말로 인간개발과 더불어 21세기 인류의 필수불가결한 과제이며, 이 작고 상처받기 쉬운 행성에서 우리와 우리의 자손들이 "지속가능하게" 살아나갈 수 있는 유일한 길임이 분명하다.

Chapter 8

불확실성의 시대

1. 현대는 불확실성의 시대

변화가 극심하여 미래를 예측할 수 없는 현대사회를 우리는 불확실성의 시대라고 한다. 2012. 4. 30. 구글 이미지검색에서 불확실성을 검색하면 7,410만개가 검색된다. 현대가 불확실하다는 점에 대한 관심의 지표로 볼 수 있다.

1929년 세계 대공황 이후, 80년 만에 세계는 2008년 사상 초유의 금융위기를 맞아 혼돈의 세계를 경험하였다. 프랑스의 막스갈로는 이 시대의 핵심은 "세계화와 카오스"라고 말했다. 2010년 아이티 대지진으로 사망자 23만명, 이재민 100만명으로 아이티의 삶은 완전히 달라졌다. 2011년 3월 동일본 진도 9.0의 대지진과 쓰나미로 사망자는 2만명이 넘고 후쿠시마 원전사고로 일본국민은 정부를 믿지 못하고 일본과 세계는 잠시 공황상태에 빠졌다. 과거에도 1962년 쿠바 미사일 위기로 미국과 소련이 핵전쟁 발발 직전까지 갔으며, 1997년 IMF 구제금융사태, 2001년 뉴욕 한복판에서 9 · 11 테러로 3,500명의 사망자와 현장에서 1만명의 중증질환자가 발생하였다. 2004년 인도네시아에서 지진과 쓰나미로 23만명의 사망자가 발생했으며, 「금융내전」의 저자인 라차이위안은 2008년의 금융위기는 300년 만의 최악의 사태로 영국의 산업혁명이후 시장경제와 기존경제 이론을 근본적으로 뒤흔들고 변화시키고 있으며, 2011년 영국 중앙은행이 기준금리를 1.5%로 하향조정하였는데 이는 1694년 중앙은행 탄생 이후 가장 낮은 수치로 300년 만의 최악의 위기가 300년 만의 최저금리를 탄생시킨 점을 그 근거로 들고 있다. 앞에서 말한 바와 같은 우리의 삶과 세상을 완전히 바꾸어 놓은 이러한 위기는 아무도 사전에 예측하지 못하였다는 것이다.

미래에도 이러한 예측할 수 없는 충격적인 변화는 아무도 예측할 수 없는 순간에 일어날 것이다. 미래사회는 빠른 변화와 복잡성, 복합다양성, 뜨거워지는 기후변화, 가까워지는 지구촌, 우리의 삶을 통째로 바꾸어놓을 과학기술 발전, 2002년에 디지털 지식정보 저장용량은 유사 이래 쌓여온 아날로그 지식정보 저장용량을 초과하여 이제 디지털시대가 되었다.

21세기는 명실공히 기하급수적인 디지털정보시대로 철학과 종교, 과학과 기술이 서로 융합하고 복합, 상생하는 시대로 더욱 불확실성은 증대해 나갈 것이다.

루트비히 비트겐슈타인은 "확실성이란 새로운 대안을 상상할 수 없게 만드는 닫힌 공간"이라고 하였다. 전통적인 "초가삼간 집을 짓고 물레방아 돌고도는 내고향 정든 땅"은 언제나 돌아가면 어린시절 그 자리 그대로 있었다. 그러나 이제 시대가 바뀌었다. 초가삼간도 물레방아도 이젠 어디에도 없는 것이다. 1902년 이 땅에서 처음으로 한성에서 인천 간 개통되었던 유선전화가 1987년 1천만대를 돌파하여 1가구1전화시대를 열었으나, 이제 무선인터넷시대, 스마트폰이 나타난지 2년만에 3천만대를 돌파해가는 초고속 디지털정보시대가 되었다. 사회환경과 기술변화의 속도가 지식정보혁명으로 초스피드로 변화해왔다. 미국 서던캘리포니아 대학 연구진은 2007년 현재 디지털과 아날로그방식을 합친 인류의 정보처리능력은 295헥사(295×10의 20제곱)바이트라고 발표하였다. 이는 평균용량 하드드라이버 12억개이며, 전세계 모래알 수의 315배이다.

갤브레이드는 과거 200년간의 경제와 사회는 그 근간에 확실한 철학이 기준이 되었으나, 70년대의 오일쇼크와 금융위기 등으로 그 기준이 없어짐으로써 불확실성이 초래되었다고 하였다.

세계경제도 G7, G8에서 G20, G2로 재편되고 지구온난화에 따른 기후변화와 지구생태계 변화에 대응하기 위한 교토의정서 이후, 2009 코펜하겐회의, 2010년 세계미래회의에서 미래학자 레이 커즈와일은 "1980년대 당시 '인공지능시대가 온다.'고 말했을 때 사람들은 저를 미치광이라고 했고, 1980년대 인터넷이라는 '웹기술'을 이야기했지만 아무도 믿지 않았다. 기술혁신은 진화과정을 거치며 혁신을 거듭하고 속도를 따라잡을 수 없다. 구텐베르크의 인쇄술, 자동차의 발명이 보편화되는데 70년이 걸렸다면, 휴대전화의 보편화는 7년이 걸렸으니, 인공지능과 기계의 융합시대는 더 빨리 도래한다."고 말했다.

NASA의 데니스 부시넬은 "현재의 인류는 다른 어느 진화보다 빠른 1000배의 속도로 진화하고 있다. 그 1000배 진화의 증거는 인간 게놈지도가 그려지고, 인공지능, 나노, 기후산업기술이 발달하고 있으며, 실리콘분자, 콴텀, 바이오옵티칼, 자동화인공지능, 로봇 등의 기술성장"을 예로 들었다.

마샬 맥루한은 통신의 발달에 따라, 지구상의 모든 사람들이 한 동네의 일원으로서의 의식을 갖게 된다고 생각하여 지구촌(Global Village)이라는 말을 처음 사용하였다. 빠른 변화와 복잡성, 사상 초유의 세계적 금융위기, 신자유주의 이후의 자본주의 4.0, 9억명의 가입자를 가진 페이스북과 5억명의 가입자를 가진 트위터 등으로 초고속화되는 세계화와 탈권위주의, 개인화, 융합 등이 "불확실성의 시대"의 복잡한 세상을 렌즈로 들여다 볼 수 있는 키워드가 될 것이다.

창조는 불확실성의 세계에서 만들어진다. "세계화와 카오스의 시대" 현재와 다른 세계의 불확실성의 세계를 거쳐나갈 때, 음성, 영상·데이터 간 칸막이를 제한 없이 넘나들 수 있는 디지털시대, 장비 간, 분야 간, 사람과 사물 간의 경계가 없이 통할 수 있는 시대에 상상력은 불확실성의 시대를 새로운 희망과 비전으로 인도해 줄 것이다.

에드워드 윌슨은 "지금처럼 불확실한 세상에서 유일하게 확실한 것은 50년 뒤 지구는 지금의 생태계가 아니다."라고 말했다.

2. 지난 30년간 창업기업의 0.02%만 생존

　지난 30년간 창업한 기업 중 살아남은 기업은 0.02%이다. 99.98%가 도중에 파산했다. 지난 40년 동안 세계 100대 기업의 생존율은 12%에 불과하다. 기업의 생존율이 낮은 이유는 변화하는 환경을 미리 예측하지 못하고 대응하지 못한 데 그 원인이 있다. 지구는 약 46억년 전에 탄생했다. 지구의 역사 46억년 동안 약 1,000억개의 종이 태어나서 그 중 현재 살아있는 생물종들은 수적으로 약 870만종이라고 한다. 지구상에 최초의 생명탄생의 흔적은 35억년 전이라고 추정되고 있다. 생물종들은 점점 멸종해가는 것이지만 살아있는 것은 0.003%, 35억년의 세월에 99.9997%가 멸종했다. 1900년대에는 1년에 걸쳐 발달하고 변화했던 과학이 2015년에는 1주일만에, 2025년에는 2~3일 만에 바뀐다. 태초에서 1950년까지 보유했던 모든 정보는 2025년에는 1년 만에 생산·유통된다. 현재의 컴퓨터 지능 수준을 거미정도로 보면, 2040년에는 원숭이 지능 수준을 초과한 인공지능 수준이 될 것이다. 인류는 농경사회 3,000년, 산업사회 200년, 지식정보사회로 진입한지 60년을 지나 이제 우리는 어디로 갈 것인가?

　세상은 적응할 틈도 없이 급격하게 변화하고 그 변화의 반향도 예측하기 힘들다. 어느 누구도 자신에게 가로놓인 운명을 내다볼 수 없는 세상이다.

　한 설문조사에 의하면 직장인 남녀의 절반 이상이, 대학생의 46%가 점을 본 경험이 있다고 응답하였다. 불확실성의 시대에 빛의 속도로 변하는 첨단미래사회에 대한 예측은 필수이다.

미래예측의 목적은 생존과 부와 행복의 추구라는 인간의 욕망과 맞닿아 있다. 미래 트렌드 예측은 이제 그 자체가 피해갈 수 없는 거대한 산업이라고 할 수 있다.

3. 복잡성과 시간의 화살

엔트로피란 원자의 분산상태를 말한다. 볼츠만에 의하면 원자의 움직임은 시간의 화살을 낳는다고 한다. "시간과 더불어 복잡성은 증대한다."는 것이 엔트로피 증대의 법칙이다. 이것은 "에너지를 주고받을 때 일부가 열로써 없어진다."는 열역학 제2의 법칙과 상응한다. 에너지 보존의 법칙을 열역학 제1의 법칙이라고 한다면, 엔트로피는 열역학 제2의 법칙인 것이다.

세상의 움직임은 열역학 제2의 법칙에 의해서 더 복잡해지고, 더 불확실해지고, 더 무질서해지는 방향으로 움직인다. 우주의 엔트로피가 자연의 모든 과정에서 증가하는 것이다.

엔트로피에 의한 무질서 증가의 예를 들면 CD는 모두 저장수명이 명시되어 있는데, 이것은 무질서해지는 자연의 흐름에 따라, 데이터가 점차 사라지기 때문이다. 때문에 대부분의 저장매체에는 유효기간이 유한하게 한정되어 있는 특징을 가지고 있다.

때문에 우주 역시 항상 엔트로피가 증가하는 방향으로 흐른다. 결국에 엔트로피가 최대가 되는 지점에 도달하게 될 것이다.

이렇게 완전히 무질서가 된 우주에서는 어떠한 에너지의 흐름도 사라지고 우주의 열 사망에 도달하게 된다. 복잡성과 시간의 화살에 따라, 미래는 더욱 불확정적이며, 불확실하게 되는 것이다.

4. 우발성이 지배하는 사회

세계금융위기가 한창이던 2008년 CIA, FBI 등 16개 미국 정보기관을 총괄하는 국가정보국장(DNI) 산하 국가정보위원회(NIC)는 예측할 수 없는 불확실성의 시대에 대처하기 위하여 현재 진행 중인 대위기를 겪은 후인 2025년 전후의 미래 트렌드를 분석한 보고서를 언론에 공개했다. 이 보고서는 미국 정부기관은 물론 전 세계 학계 및 주요 싱크탱크, 전문기관 등 광범위한 연구집단이 지난 3년간 준비한 것으로 이번에 나온 4차 보고서는 '대변혁 이후의 세계(A Transformed World)'라는 부제를 달고 있는데, 2025년까지 글로벌 트렌드를 조성할 주요요인과 결과를 규명하였다. 미국 국가정보위원회의 이 보고서는 다양한 전문가집단의 "땀과 수고"가 만들어낸 역작으로, 〈글로벌 트렌드 2010〉과 〈글로벌 트렌드 2015〉는 대부분 미국 내 내국인으로 조직된 다양한 비정부기관 싱크탱크와 학술계의 의견을 다양하게 포함하고 있고, 〈글로벌 트렌드 2020〉은 5개 대륙에서 6차례의 세미나를 개최함으로써 해외 전문가를 대거 참여시켰으며 〈글로벌 트렌드 2025〉는 앞서 발간한 보고서의 장점을 살리고 절차를 보완하여, 미국정부에 속하지 않은 세계의 석학들을 대거 참여시키고, 인터넷을 활용하거나, 미국과 해외에서 개최한 토론회 등에 수백명의 세계 최고 전문가를 비롯하여 최다인원을 동원하였기 때문에 좀 더 설득력 있는 보고서를 내놓았다고 불 수 있다. 미국 국가정보위원회 〈글로벌 트렌드 2025〉 보고서 전반에서 분명히 지적했듯이 향후 15~20년간은 확실성보다는 우발성을 더 많이 내포하고 있다. 미국뿐만 아니라 모든 이해관계자들이 예측하지 못한 충격들의 영향을 받을 것이다. 여러 가지 이유로 미국은 대부분의 나라들보다는 그러한 충격을 더 잘 흡수할 것으로 보이나, 미국의 운명 역시 국제시스템 전체의 대처와 원상회복능력에 달려 있다. 하지만 현재의 국제시스템은 우발적인 이변은 말할 것도 없고 에너지안보, 기후변화, 증가된 지역분쟁 등의 문제에 취약하고 준비가 덜 된 것으로 판단된다. 이변들은 특성상 예상하기가 쉽지 않지만 시나리오들을 통해 가능한 대안적 미래를 그릴 수 있고 각각의 시나리오들은 미국의 역할에 변화가 일어날 수도 있다는 것을 보여준다.

국제정치에서 '서구가 배제된 사회', 에너지, 식량, 자원분야에서의 '쇼크', 꺼지지 않는 갈등의 불씨「BRICs 간의 갈등」, 지역분쟁에서 불완전한 변화, 국제시스템에서 '정치는 국내에서만 하는 것이 아니다.'는 시나리오들에서 우발성이 지배하는 불확실한 미래를 잘 나타내주고 있으며, 보고서 전반에서 언급하였듯이 인간의 행위가 결과를 결정하는 핵심적인 요인이 될 것이며, 역사적으로 볼 때, 지난 세기를 통털어 최대의 게임체인저(판도를 바꾸는 혁신을 일으키는 사람 또는 사물)는 지도자들이거나, 긍정적이든 부정적이든 그들의 생각이었다. 지도자들은 앞으로의 15년~20년 동안 개인적으로 또는 집단적으로 발전방향을 정하고 긍정적인 결과를 확보하는 데 결정적인 요소로 작용할 것이다.

향후, 15~20년간의 세계는 더욱 파편화되고 갈등이 커지며, 불확실성이 증대할 것이다. 글로벌 리더십과 협력은 세계적 도전을 해결하고 그것들을 둘러싼 복잡다단함을 이해하는 데 꼭 필요하므로 대안적인 가능성을 보고서가 일부 제시함으로써 지도자들이 세계의 향후 해결해야 할 과제에 대해서 긍정적으로 이끌어 주어야 함을 나타내고 있다. 결론적으로 지도자들의 리더십이 가장 중요한 것이다.

자고 나면 딴 세상이다. 예측할 수 없는 불확실성의 시대의 급변하는 경영환경에 불안감을 느낀 기업의 CEO들이 지식사이트인 "세리CEO"에 줄이어 가입하고 공부하는 현상도 불확실성의 시대에 대표적인 단면이다.

　서울시장 박원순은 "세상을 바꾸는 1,000개의 직업"에서 몇해 전 미국 미래연구소를 방문한 경험으로 불확실한 미래에 나침반을 던지는 메가트렌드 전문가를 소개하면서 다음과 같이 이야기하였다. "미래연구소는 미래예측을 전문으로 연구하는 곳인데 주로 기업고객을 대상으로 미래시장이나 환경을 예측하고 대안을 제공한다. 앞으로 10년 후의 변화를 예측하고 그에 맞는 경영전략을 제안하는 것이다. 딜로이트나, 유니레버 등 글로벌 기업과 유명한 비영리기관들이 주요 고객들이다. 우리나라는 삼성이 유일하다고 한다. 세계는 끊임없이 변화에 변화를 거듭하고 있다. 10년 이상의 장기적인 관점에서 바라보면 변화의 큰 흐름을 읽을 수 있다. 앞으로의 시대에는 변화를 잘 알고 대비하는 개인과 기업, 국가만이 성공을 거머쥘 수 있다. 미국의 미래연구소처럼 현대사회에서 일어나는 거대한 시대적 조류를 예측하고 알려주는 메가트렌드 전문가가 우리에게도 절실하다. 물론 정확한 예측은 불가능하다. 하지만 현재의 상황에서 좀 더 가능하고 그럴듯하며, 개연성이 높은 미래를 예측하는 것은 가능하다. 불확실한 미래에 나침반 역할을 해 줄 글로벌 메가트렌드 전문가에 도전해 보자."[1]고 말했다.

1) 박원순[미래를 바꾸는 1,000개의 직업(2011, p268)]

5. 갤브레이스가 본 "불확실성"

컨버전스, 와이브로, 텔레매틱스. RFID, ICT, NT, ET, 로하스, 디지털혁명, 프로슈머, 서브프라임 모기지, 플랫폼, 경제사이클 ULV론, 유비쿼터스, 나노공학, 인지기능, 가상화(버추얼리제이션), 사이버전쟁…트위터, SNS 세계는 바야흐로 지식정보사회, 디지털혁명이라는 제3의 물결 속에서 21세기 새로운 밀레니엄을 시작하여 첫 10년을 보냈다. 우리는 이러한 소프트화경제, 사이버경제를 알려주는 생경한 용어들을 일상생활에서 수없이 접하고 있다. 즉, 제4차 산업혁명, Bioindustry, Mechatronics, G20, Cass사회, Softnomics 등이 그러한 것들이다. 인류는 이미 지난 18세기에 농경사회를 산업사회로 변혁시킨 산업혁명을 겪은 바 있다. 이제 인류는 산업사회를 지식정보사회로 변혁시킨 정보화혁명, 디지털혁명의 격동 속에서 새로운 밀레니엄의 첫 10년을 보낸 것이다. 「불확실성의 시대」는 갤브레이스가 1973년 영국 BBC방송에서 경제사 및 사회사상사의 알려지지 않은 관점에 관한 텔레비전 연속프로의 방송에서 이야기한 논고를 토대로 집필한 책이다.

그는 이 방송을 맡으면서 이 프로의 제목을 일찍이 "불확실성의 시대"로 정해 두었다. 우선 어감이 좋았고 사고의 장이 제한되지 않으면서도 기본적인 테마를 명백히 시사하고 있기 때문이다.

지난 시대의 경제사상 속에 있었던 확고한 확실성을 현대의 온갖 문제가 직면하고 있는 불확실성과 대비시킬 수 있었다. 지난 시대에는 자본가는 자본주의의 번영에 사회주의자나 제국주의자는 각각 사회주의, 제국주의의 성공에 확신을 가지고 있었으며, 지배계급은 스스로가 지배자로 운명지어져 있다고 믿었다. 이러한 확실성은 이제 남아 있지 않다. 인류가 현재 당면하고 있는 온갖 문제들의 놀랄 만한 복잡성을 생각한다면 지난 시대의 확실성이 남아 있으리라고 생각하는 것이 오히려 이상한 것이다. 갤브레이스는 흔히 제2차 세계대전이 현대의 큰 전환기였다고 생각하였고 히틀러와 파시즘과 식민제국들에게 종말이 찾아오고, 원자력의 시대가 도래하였다고 생각하였지만, 그러나 사회적으로 훨씬 커다란 결정적인 변화는 제1차 세계대전과 함께 일어났으며, 제1차 세계대전을 계기로 몇 세기에 걸쳐 이룩된 정치제도와 사회제도가 갑자기 무너져 버렸고 오랫동안 확실하다고 생각하고 있었던 것을 잃어버린 것은 제1차 세계대전을 통해서라고 하였다. 그때까지는 귀족이나 자본가도 자기들의 지위가 안전하다고 느끼고 있었고, 사회주의조차도 자신의 신념에 확신을 가지고 있었다. 이러한 안정감을 결코 되찾을 수가 없게 되었다. 이리하여 불확실성 시대가 시작된 것이다.

이 무렵 최대의 공업국이었던 미국에서도 노동자정당은 존재하지 않았고 1914년에 영국을 제외한 모든 공업국에서는 아직도 농민이나 소작인의 수가 공업노동자의 수와 맞먹거나 그것을 넘어서고 있었다. 이때의 제국주의나 식민주의는 아시아·아프리카·라틴 아메리카에 대한 백인의 지배였다. 인도에 있어서는 영국, 필리핀에 있어서는 미국, 앙골라와 모잠비크는 포루투칼, 오스트리아가 보헤미안, 슬로바키아, 러시아가 라트비아, 핀란드를 지배하고 있었다. 1914년 8월에 이르러 영토확장 지상주의와 그것에 의해 조성된 불안, 게다가 동원 위협의 효과와 지배자나 장성들의 우둔함 등이 결합되어 사태수습이 불가능해지자 전쟁이 일어났다. 그리고 여러 동맹관계가 전쟁을 일반화시켰다. 이것을 역사가들은 항상 연쇄반응이라는 용어로 설명한다. 그러나 연쇄반응의 과정은 예측이 가능하며 결과는 이미 알 수 있는 것이다. 이 경우에는 보다 은유적인 표현이 필요하다. 이것은 불가측성 반응, 즉 그 과정은 예측도 할 수 없고, 또 그 결과를 아무도 예언할 수 없는 반응이다. 21세기가 10년이 지난 지금 디지털혁명, 사이버혁명, 정보혁명이 일상화되고, 고도화된 현시점이야말로 역사가들이 이야기한 연쇄반응, 순차적·시계열적 반응에서 불가측성 반응이 일상화되고 불확실성의 시대현상이 상존하는 시대인 것이다. 갤브레이스가 이야기한 불확실성의 시대가 시작된 것이다. 이 시대는 결국 새로운 사회적 배열, 즉 새로이 출현한 지배자 연합에 의해 특징지어지고 있다.

그러나 보다 좁은 범위의 경제학상의 문제에도 영향을 미쳤다. 특히 주목할 만한 것은 화폐에 관한 것이다. 1914년 이전에 화폐는 생활에 꼭 필요한 필연적인 것이었다. 그것은 유익하고 영원한 것이었다. 그러나 1914년 이후로 다시는 이러한 상태로 되돌아가지 못하고 있다.

1929년에서 4년 동안 미국 은행의 3분의 1에 해당하는 9,000개의 은행이 도산했다. 1933년 6월 미국의 전 은행이 폐쇄되었다. 수중에 있는 소액을 제외한 화폐의 유통은 완전히 정지되었다. 제1차 세계대전 후 수년간 농산물과 농업용 부동산에 대한 열띤 투기가 있었고 이것이 1919~1920년에 호황을 가져왔다. 다음 1920~1921년에는 파국이 엄습했다.

최초의 경제학자라 할 수 있는 아담 스미스는 스코틀랜드인이었다. 1765년에 여행한 프랑스에서 모든 부는 농업에서 생겨났고 농업이야말로 모든 부의 원천이라고 주장하는 중농주의시대였다. 1776년에 출간된 「제국민의 부의 성질과 원인에 관한 연구」에서 국민의 부는 시민 한 사람 한 사람이 각자의 이익을 진지하게 추구하는 것으로부터 생기는 것이고 또한 개인이 자기자신의 이익을 도모함으로써 "보이지 않는 손"에 의해서 이것이 사회 전반의 이익에 이바지 하게 되며, 눈에 보이지만 부적절하고 또 수탈적인 국가의 손보다 그처럼 보이지 않는 손이 차라리 낫다고 그는 믿었다.

스미스는 국민의 부는 이기심의 추구와 더불어 분업에 의해서도 증가하게 된다고 하였으며, 세상에서 노동생산성의 비약적인 발전인 조립공정을 20세기 초 헨리 포드가 자동차 생산공정에 적용하였다.

이른바 시간연구, 동작연구인 것이다. 이것이 의미하는 바는 바로 인간이 생산조립공정의 도구라는 인식이다.

여기서 인간의 내면발전과 인간의 노동에서 해방이라는 20세기 후반의 산업사회에서의 인간소외문제에 대한 깊은 성찰이 필요한 것이다 . 스미스가 죽을 무렵까지 잉글랜드나 스코틀랜드에서는 그가 예언한 변화가 뚜렷하게 눈에 띠었다. 게다가 그 변화는 도시와 농촌을 구분하지 않았다. 산업혁명은 갑자기 일어난 것이 아니라 실제로 자기의 눈으로 확인할 수 있는 그러한 느린 혁명이었다. 이 점은 우리는 지식정보혁명, 디지털혁명, 사이버혁명의 보이지 않는 급격한 속도의 변화와 비교하여 생각해 볼 수 있는 대목이다.

리카도와 맬더스에 의해서 제기된 노동가치설과 인류의 다산성으로 인하여 아무리해도 억제할 수 없는 인구폭발의 문제에 대해서 맬더스는 인구론에서 인구는 언제나 기하급수적으로 2, 4, 8, 16⋯으로 늘어나는데, 식량의 공급은 2, 3, 4, 5⋯ 산술급수적으로밖에는 늘어나지 않으므로 이로부터 필연적으로 인구는 기아나 전쟁, 자연재해와 같은 정기적으로 일어나는 무시무시한 방법에 의하여 억제될 수밖에 없다고 하였다. 맬더스는 인류는 수입의 전부를 사용하지 않는 경우도 있는데 그로 인하여 구매력의 부족이 일어나며 이런 경우 경제가 수시로 주춤거려 파탄에 빠질 우려도 있다. 자연질서의 일환으로 구매력 부족에 기인하는 불황이 생겨날 수도 있다는 주장은 20세기 초 케인즈에 의하여 받아들여지는 주장으로 가장 긴급을 요하는 정부의 과제는 구매력 부족을 보충하는 것이며 과잉 저축을 상쇄하는 것에 있다. 역사적으로 맬더스가 말하는 최악의 사태는 서서히 도래하는 것이 아니라 과거 인도나 방글라데시에서의 경험이 가리키고 있는 바와 같이 무엇인가 잘못되어 가고 있을 때 갑자기 엄습해 오는 것이다. 이들 나라의 경우에는 폭우가 그 계기가 되었지만 1845~1847년의 아일랜드의 경우에는 고온다습

한 아일랜드의 기후가 원인이 되어 발생한 역병균이 갑자기 수확에 타격을 주었으며, 인도에서는 한파와 홍수가 원인이 되었다. 과거 미국에서의 부자가 어떻게 성공을 거두게 되었는가를 살펴보자면 19세기와 20세기에 미국과 캐나다의 철도만큼 그렇게 많은 사람들의 운명을 갑자기 달라지게 한 것은 없다. 스미스나 리카도 등은 공장, 기계, 토지 등 생산을 위하여 인간이 사유하는 경제사회를 자연의 이치로 인정하였다. 이에 대한 중대한 이의를 제기한 것은 마르크스였다. 런던의 하이게이트 묘지에 1883년 3월 17일에 매장된 그는 혁명가로서 세계에 이름을 떨치고 1917년 소련에서 일어난 소비에트혁명부터 시작하여 거의 1세기에 걸쳐서 세계 속에서 일어난 혁명에는 그의 이름을 붙여왔다. 1980년 소련이 무너지고 1990년 동베를린이 무너진 후 후쿠야마는 역사의 종말현상으로 분석했지만 20세기는 이념과 생산의 소유와 분배에 대한 사상적 대립으로 얼룩져왔다. 이제 글로벌리제이션과 정보혁명, 디지털혁명에 따른 지식기반경제에서 인간내면의 혁명과 균형과 조화, 통합의 정신이 필요한 것이다.

갤브레이스는 "나는 마르크스가 '지적 생산은 물적 생산이 변화하는 데 비례하여 그 성격을 바꾸어간다. 각 시대의 지배적인 사상은 언제나 지배계급의 사상에 지나지 않았다.'고 한 말에 대하여 틀린 말이 아니며, 오히려 사상이 그 시대의 경제적 이익집단에 영합하는 경향을 갖는다는 주장은 확고한 사회적 진리이자 특히 경제적 진리이며 이보다 확실하게 사상의 특성을 나타내는 말은 없다."고 하였다.

18세기 후반에 있어서 영국의 경제생활은 기계의 발명에 의해서 방적기의 등장, 공장생산, 사상의 새로운 세계의 도래를 꿈꾸었다. 이러한 새로운 세계도 지금까지 이어져온 과거세계에 깊은 영향을 받고 있었다는 것이 중요한 점이다. 하늘 아래 완전히 새로운 것은 없는 것이다. 농업이 절대적으로 지배하고 있던 세계였던 산업혁명 전의 많은 나라들은 의·식·주를 마련하는 것으로 만족했고, 이 세 가지는 모두 토지에서 직접 얻을 수 있는 것이었다.

그 후로도 오랫동안 농업경제학시대였던 산업혁명 이전의 시대는 압도적으로 농촌의 풍경이었고 일하는 사람은 거의 모두 농업에 종사하고 있었다. 권력은 지배자로부터 지주로, 지주로부터 농업노동자에게로 흘러내려갔다. 권력이 위로부터 아래로 내려온 것과 반대로 그것에 의해서 얻어진 소득은 아래에서 위로 거슬러 올라갔다. 이것이 거부할 수 없는 원칙이었다. 이제 지식정보시대를 지나 드림 소사이어티(꿈의 사회)와 생존사회, 그린혁명의 시대에 우리는 집단지성과 "UCC 속의 평범한 당신"이 인간의 삶의 질과 행복을 느낄 수 있도록 기술혁신과 이미지혁명, 인간혁명, 자연과의 화해가 필요한 이유이다.

6. 앨빈 토플러의 견해

　베스트셀러는 시대를 반영한다. 교보문고에서 발표한 자료에 따르면, 정치적으로 박해받던 1980년대에는 시대를 풍자하는 소설이, IMF로 우울하던 1990년대 후반에는 미래를 설계하는 실용서가 인기였다. 2000년대의 베스트셀러는 단연 자기계발서의 독주가 눈부셨다. 이때 자기계발서는 출판시장 전체 매출의 5% 안팎을 차지해 베스트셀러 20위 안에서 9권이 자기계발서였다. 거의 2권 중 1권꼴이었다. 2011년에는 사회 분위기에 따라, 청년들을 위로·격려하는 서적이 최고의 베스트셀러로써 인기를 누렸다. 우리나라에서 30년 전 베스트셀러 목록에 들었던 서적이나, 베스트셀러 작가 중 30년이 지난 최근까지도 베스트셀러의 목록에 들었던 작가는 앨빈 토플러가 유일하다고 한다. 그것은 앨빈 토플러가 30년 전 예측이 불가능한 불확실성의 시대에 21세기 지식정보사회의 트렌드를 예측하고 「미래의 쇼크」, 「제3의 물결」, 「권력이동」, 「부의 미래」를 차례로 출간하고 대중강연을 해 왔기 때문이라고 할 수 있다. 세계적인 미래학자 앨빈 토플러는 지금의 글로벌 금융위기와 또 올지도 모르는 불확실한 경제위기의 극복에는 2~3년 정도 걸릴 것으로 예측했다. 이는 1929년 대공황에서 완전히 벗어나는 데 걸린 십수년에 비하면 상당히 짧은 시간이며, 산업사회에서 지식정보사회로 바뀌면서 변화의 속도가 신속해진만큼 위기도 빨리오지만, 극복도 빨라질 것이라는 의미이다. 또 지금의 세계금융위기는 과거 대공황 때와 완전히 다르며, 전통산업이 중심이 됐던 1929년 대공황과 1980~1990년 불황과 경기침체 때 활용했던 경제수단들을 그대로 적용

해서 금융위기 해법을 찾았으면, 오히려 이 상황이 더 오래 지속될 것
이라고 한다. 그는 위기를 극복할 해법으로 혁명적인 창조와 혁신으로
능동적으로 변화하고 창조적으로 사고하여야 하며, 혁신적 기업이나
국가를 만들기 위해서는 실패에 대한 위험을 감수하고 성공에 대한 보
상이 필연적으로 뒤따라야 한다고 말하고, 때문에 기업이나 개인에 대
해 혁신을 자극할 수 있는 세금제도 등 제도적 기반을 마련해주는 정부
의 역할이 무엇보다 중요하다고 하였다.[2]

2) 중앙일보(2008.11.14)

Chapter 9

단절되고 다차원적인 미래의 예측

1. 단절되고 다차원적인 미래

미래는 현재와 다른 변화, 다른 종류의 위기와 기회가 기다리고 있다. 미래는 현재와 다른 시각으로 조명하여야 한다. 미래는 사다리를 타듯이, 차례대로 계단을 올라가듯이 단계별로 발전해 나가는 것이 아니다. 지난 200년간 세계의 발전이 보여주듯이 갑작스러운 기술혁신으로 과거와 단절된 현재, 현재와 단절된 미래가 나타날 것이다. 우리가 맞이할 미래는 제임스 캔턴이 말한 대로 극단적인 미래(Extreme Future)가 될 것이다. 현재의 시각으로는 알 수 없는 지금과 단절된 다차원적인 성향으로 나타날 것이다.

19세기 중반부터 열린 세계 박람회의 주제들을 살펴보면 철도, 전기, TV의 시대를 알린 대중의 시대, 산업화 역사의 신호탄이었음을 알 수 있다. 그러나 2005년 일본 아이치는 '자연의 예지', 2010년 상하이는 '더 좋은 도시, 더 좋은 삶', 2012년 여수박람회는 '살아 있는 바다, 숨 쉬는 연안'을 주제로 하고 있음을 볼 때, 인간과 자연의 조화가 역사적 시대정신임을 알 수 있다.

20세기 초 뉴욕이 마차로 붐빌 때, 뉴욕의 도시설계자들은 뉴욕의 미래를 마차와 뉴욕 곳곳에 산더미같이 쌓여 있는 말똥을 어떻게 매일매일 치울 것인가 걱정했겠지만 21세기 초 뉴욕에 네온사인과 붐비는 자동차와 스마트폰으로 보행 중 실시간 트위터와 페이스북을 하는 뉴욕 시민을 상상조차 하지 못했을 것이다. 이것이 단절된 미래이며 다차원적인 세계를 의미하는 것이다.

▌박람회 개최연도별 주제 ▌

연 도	1851	1876	1885	1904	1939	1970	2005	2012
개최지	런던	필라델피아	앤드워프	세인트루이스	뉴욕	오사카	아이치	여수
주제	증기기관	전화기	자동차	비행선	TV	인류의 진보와 조화	자연의 예지	살아 있는 바다 숨 쉬는 연안

2. 미래는 예측가능한가?

우리가 미래를 알 수만 있으면 언제나 승리자가 될 수 있을 것인가? 미래는 오직 신만이 알 수 있는 것인가?

미래를 알고자 하는 인류의 욕망은 태초 때부터 계속된 것이다. 고대 그리스에서는 델포이의 아폴론신전에서 신탁을 구했으며, 중국 고대 은나라에서는 거북등이나 소뼈에 새긴 문자를 구워서 갈라지는 균열을 보고 길흉을 점쳤으며, 이 점치던 갑골문자가 한자의 기원이 되었다.

피타고라스는 수를 이용하여 점을 쳤으며, 2011년 12월 19일 EBS에서 방영한 문명과 수학 프로그램은 영국박물관이 소장한 3,500년 전에 만들어진 피타고라스의 정의를 기록한 파피루스종이를 공개하여 국내외의 많은 관심을 받은 바 있다.

예언가로 유명한 노스트라다무스의 청년 시절, 이탈리아를 여행하던 그는 길을 지나가던 펠리체 뻬레띠라는 수도승에게 무릎을 꿇고 절을 하며 "교황님 앞에서 무릎을 꿇나이다."라고 말하자 거리의 사람들과 수도승은 깜짝 놀라 왜 그러느냐고 말했다. 그 수도승은 1585년에 정말 교황이 되었으니 그가 바로 식스투스5세였다. 또 언젠가 메디치가의 왕비 까떼린 데 메디치가 점성술사인 그를 방문했을 때 그는 왕비의 수행원 중의 한 소년에게 나중에 프랑스 왕이 될 것이라고 예언하였고 그 후 그는 정말로 프랑스 왕이 되었으니, 그가 앙리4세였다.

서양에서는 점성술, 동양에서는 북두칠성의 빛이나 위치로 길흉을 점치는 자미두수, 서민들은 매년 신년이 되면 토정비결을 보고 그 해 한 해의 길흉을 점치고 대통령선거가 되면 누가 대통령이 될 것인가 주역으로, 여론조사로 예측을 한다. 오늘날 날씨의 예측은 사업에 큰 영향을 주는 요소이다.

오렐은 「거의 모든 것의 미래」에서 미래예측은 불가능하다고 하였다. 살아있는 유기체는 예측이 불가능하다. 기후예측, 건강과 경제도 수많은 사람들의 행위, 선택, 심리의 영향을 받는 복잡하기 짝이 없는 상호작용이다. 다시 말해 살아 있는 것은 예측불가능성의 표지이다. 그렇지만 혼돈과 오류를 걸러낸 보다 정교한 모형을 만들어낼 수 있다면 예측이 가능하다 할 것이다. 또 건강과 경제예측도 예측과학에서 인기 있는 분야이다. 그래서 일기예보를 위하여 기상위성을 발사하고 슈퍼컴퓨터를 동원하고 기상선박과 각종 장비와 데이터로 정교하고 복잡하게 계산을 하는데도 맞을 때보다 안 맞을 때가 더 많은 것이다.

피터 드러커는 미래를 예측할 수는 없지만 창조할 수는 있다고 하였다. 피터 드러커는 자신이 미래를 예측할 수 없다고 정의했지만 그는 미래예측에는 놀라운 적중률을 보였다. 지식사회의 도래, 일방적 공급과 수요의 차원에서 벗어나 상방향 거래와 소통이 이루어질 기업환경과 시장의 변화, 지식노동자의 탄생, 인간의 수명증가로 인한 산업구조의 재편 등을 예고한 것은 과거, 현재, 미래를 꿰뚫었던 드러커의 통찰력이 아니고는 불가능한 작업이었다.

3. 미래를 알려면 현재의 행동을 보라

미래를 알려면 현재의 행동을 보고, 과거를 알고 싶으면 현재의 모습을 보라. 현재는 과거의 행동의 결과요, 미래는 현재의 행동의 결과이기 때문이다.

- The future is purchased by what you do in the present.

  (미래는 현재 당신이 하는 행동에 따라 결정된다.)

- The best way to predict the future is to create it.

  (미래를 예측하는 최상의 방법은 미래를 창조하는 것이다.)

- There is nothing like a dream to create the future. Utopia today, flesh and blood tommorrow.

  (미래를 창조하는 데는 꿈만한 것이 없다. 오늘의 유토피아가 내일의 실체가 된다. – 빅토르 위고)

지나온 역사를 기록하는 것보다 미래를 예측하는 작업은 훨씬 더 어렵고 고난한 작업이다. 미래를 예측하는 방법에는 다양한 방법이 있으나 인류는 먼 고대로부터 글로벌기업이 생존경쟁을 벌이는 현재까지 인류역사상 꾸준히 미래를 예측하는데 최대의 관심을 기울여 왔다. 중세시대 1516년 토머스 모어의 「유토피아」와 프랑스의 점성술사 노스트라다무스는 20세기가 저물어가는 "1999년 일곱 번째 달 하늘에서 공포의 대왕이 내려와 세상이 종말을 맞을 것”이라는 유명한 예언을 하였으나, 우리는 아직도 이 세상에 살고 있고 예언은 빗나갔다. 1948년 조지 오웰의 「1984」, 1970년 앨빈 토플러의 「미래충격」, 그리고 우리나라도 임진왜란을 예견하고 “십만양병설”을 주장했던 조선시대의 대학자인 이율곡도 “옥룡자 청학 동결”이라는 칠언고시(七言古詩) 형식의 미래를 예언한 내용이 「조선비결전집」에 수록되어 전해오고 있다. 이른바 율곡설(栗谷設)이라고 하며, 맨 마지막은 “자경진 지경인(自庚振 至庚寅) 년범유 십일년(年凡有 十一年) : 난세는 경진년(2000년)에 시작하여 경인년(2010년)까지 지속되니 모름지기 십일년이다.”라고 되어 있으니 우리나라도 전대미문의 경제위기와 한치 앞을 볼 수 없는 현재의 이 어려운 상황도 2011년 이후 점차 나아지고 좋은 세상이 올 것으로 기대해 보자. 이밖에도 민간에 전해오는 「정감록」과 「격암유록」이 있으며, 탄허스님은 6·25 전쟁과 울진·삼척공비 침투사건을 미리 예견하여 자신의 예지능력을 입증하였으며 자신의 저서 「주역선해」에서 “복희 선천괘가 天도를 주로 밝힌 것이라면 문왕 후천괘는 人도를 주로 밝힌 것이요, 이 정역(正易) 후천괘는 地도의 변화를 주로 밝힌 것이다. 세계적인 변화가 地도의 변화를 따라서 반천복지(潘天覆地)하는 대변화를 나타내는 것이다.… 현금(現金) 지구가 조금 측면으로 기울어져 있는 데 반하여 그때는 지구가 정면으로 서면서 세계적인 지진과 쓰나미로 변화가 오는 것이니 이것이 바로 프랑스 예언가의 세계멸망기가 아닌가 한다. 그러나 성경의 말씀과 예언가의 말은 심판이니 하였지만 역학적인 원리로 볼 때엔 심판이 아니라 성숙이며, 멸망이 아니라 결실인 것이다. 또한 그러고 보면 일인독재의 통치시대는 선천사가 된 것이요, 앞으로 오는 후천시대는 만민의 의사가 주체가 되어 통치자는 이 의사를 반영시킴에 불과할 것이니 강태공의 말씀에 천하는 천하인의 천하요, 일인의 천하가 아니라는 것도 바로 이것을 의미한 것일 것이다. 지구가 성숙함에 따라 후천시대는 결실시대로 변하는데 이 결실을 맡은 방위가 간방이며 간방은 지리적인 팔괘분야로 보면 바로 우리 한국이다. 우선 이 우주의 변화가 이렇게 오는 것을 학술적으로 전개한 이가 한국 외에 있지 않으며 이 세계가 멸망이니 심판이니 하는 무서운 화탕 속에서 인류를 구출해낼 수 있는 방안을 가지고 있는 이도 한국 이외에 다시 없는 것이다. 그러고 보면 한국은 세계적인 신도(神都), 다시 말하면 정신수도의 근거지라 하여도 과언이 아닐 것이다."[1]라고 하였다.

고대부터 현재까지 동양과 서양, 모든 인류는 앞날과 미래를 예측하여 주어진 삶을 승리해 나가고자 다양한 방법과 예측을 시도해 왔음을 알 수 있고, 지금도 앞날과 미래를 알고자 하는 인간의 시도는 계속되고 있다.

21세기 자연과 인간의 화해시대, 정신과 물질의 조화와 균형의 꿈의 시대를 주도해서 새로운 미래로 이끌어 나가야 할 한국은 가야 할 길을 밝히고 미래를 예측하고 만들어 나가는 일이 국가의 흥망성쇠에 영향을 미칠 수도 있는 일임을 유념하여 적극적으로 미래예측에 관심을 기울이고 대비해 나가야 할 것이다.

---

1) 「주역선해」 (탄허, p. 434)

4. 단절된 미래의 예측

앞에서도 살펴본 바와 같이 미래는 단절되고 불연속적인 것이다. 단절된 미래를 정확히 예측하는 자가 이 세상의 승리자가 될 것이며 영웅이 될 것이다.

한국에도 잘 알려져 있고 세계 미래학자들 사이에서도 명성이 자자한 피터 슈워츠가 쓴 「미래를 읽는 기술」은 미래학의 필독서로 꼽힌다. 미래를 예측하는 시나리오 기법의 진수를 보여준 그는 소련의 붕괴를 예측했다는 명성을 가지고 있다. 이는 미래학자는 미래를 예측해야 한다는 것을 의미한다.

1898년 미국 뉴욕에서 도시설계에 관한 국제회의가 있었다. 세계 최초의 모임이었던 도시설계회의에서 이들이 논의한 주제는 말(Horse)에 관한 것이었다. 이 당시 런던타임즈에 보도된 50년 뒤 세계는 인구증가로 말도 엄청나게 증가한다는 보도가 있었기 때문이다. 런던타임즈는 1950년이 되면 세계의 모든 도시가 약 9피트 높이의 말먹이로 덮힌다고 예측했고 그때 뉴욕은 600만 마리의 말이 필요하기 때문에 뉴욕은 말사료에 덮여 사람이 살 수 없는 끔찍한 폐허로 변하거나 말 없는 우울한 도시가 될 것이라고 예측했다.

국제회의에 참석한 도시설계자들은 사흘 만에 회의를 마감하고 각자 고향으로 돌아갔다(출처 : futuryst.com, 재인용).

이것은 미래예측은 불연속적이고 단절적이라는 것을 말한다.

말먹이 사건의 핵심은 미래를 예측할 때는 현재와 단절된 불연속적인 미래를 예측해야 한다는 것을 보여주고 있다.

지금 눈앞에 보이는 것을 지우고 다른 장면을 상상해야 한다. 19세기 말의 뉴욕은 문만 열고 나가면 말, 마차, 말똥, 건초더미 등이 보였을 것이다. 이 장면을 싹 지운 채 말과 다른 운송수단을 그릴 수 있었던 사람이 있었을까?[2]

2008년 미국 금융위기가 발생하기 전 이를 미리 예측한 사람이 없었다는 것을 미루어보면 우리는 이 점을 더욱 명확히 알 수 있다.

프랑스의 막스갈로는 2008년 미국 금융위기에 대하여 "2년 전에 경제 전문가들이 쓴 글을 보라. 누구도 오늘의 위기를 예견하지 못했다. 앞으로 위기를 극복할 수 있을지 어떻게 극복할지에 대해서도 아무도 단언하지 못한다. 필연적인 것은 없다. 역사에는 단 하나의 법이 있을 뿐이다. 그것은 인간의 창조적 자유가 작동하는 놀라움이다 이 거대한 변화의 시대가 나쁜 결과로 흐르지 않게 하려면 인류를 통합시키는 문명의 가치를 상기하면서 공포를 떨치고 위기에 맞서 연대의식을 키우는 방식으로 슬기롭게 대처하는 자세가 필요하다."고 말했다.

역사는 탑 속의 나선형 계단과 같은 것이다. 한층한층 올라가다가 수평적으로 바라보면 언제나 같은 자리에 머무는 것처럼 여겨진다. 하지만 아래를 내려보면 이미 다른 층에 서 있다는 걸 느끼게 된다. 역사는 되풀이되는 것 같지만 똑같이 되풀이되는 것은 아니다.

미래를 예측하는 일은 역사가 되풀이될 것이고 선형적 방법으로 보일 수도 있으나, 지나간 역사를 살펴보면 미래는 예측하기보다 창조되는 것이며, 단절된 미래의 예측이 필요함을 우리에게 알려 주는 것이다.

2) 신동아(2009, 3월호, 만학도 박성원의 미래학 이야기 ③) 일부 참고

5. 미래를 예측하는 다양한 기법

미래를 예측하는 기법은 다양한 방법이 있으나, 1970년대 이후에는 미래를 전망하는 기법도 다양해지고 상호 인접학문 간 학제적 통합성격을 띠기 시작했으며 최근 들어서는 수학, 경제학, 환경연구, 컴퓨터과학, 생물학 등에서 다양한 미래학의 분석기법이 등장하고 있다. 미래학이라는 용어는 미국의 오시프 틀레이트 하임이 1943년 「역사의 미래로의 확장」이라는 논문에서 시작하여 1950년대 전후 미국과 유럽 일각으로 확산되어 현대사회가 가지고 있는 사회적 · 문명적 문제점을 새로운 시각으로 예측하고 분석하여 해결하고자 하는 노력을 시도한 것이 오늘날 미래학으로 총칭되고 있다.

특히, 앨빈 토플러, 다니엘 벨, 피터 드러커, 존 나이스비트, 토마스 프리드먼 등은 잘 알려진 미래학자이다.

미래를 예측하는 방법으로 제러미 리프킨은 트렌드분석, 피터 드러커는 경제사회적 분석의 경향을 보이고 있다.

- 트렌드 분석 : Jeremy Refkin(제레미 리프킨), Tom Peters(톰 피터스), Ly Edelcoort(리 에델쿠트)
- 기술진보적 시각 : Peter Schwartz(피터 슈왈츠), Negroponte(네그로폰테)
- 경제사회적 분석 : Peter Drucker(피터 드러커), Fransis Hukujama(프랜시스 후쿠야마)
- 디스토피아적 시각 : Robert Jungk(로버트 정크), George Orwell(조지 오웰)

미래 연구기법은 대부분 초기에 군사적 전략, 전술 목표 달성을 위하여 연구·개발되었으나, 현재 다국적 기업의 시장 확대와 사회적·기술적 변화 예측, 기업전략을 위한 향후 트렌드 예측 등에 다양한 기법이 사용되고 있다

(1) 시나리오 기법

시나리오 기법은 1950년 미공군의 허만 칸 등이 중심이 되어 랜드(Rand)사가 무기발전과 군사전략의 관계를 분석하는 데 처음 사용하여 적군의 공격전력에 대응하기 위하여 사용되었으나, 공공기관과 민간기업에서도 기업경영에 시나리오 기법을 활용하고 있다.

- 시나리오는 예측가능한 것이 아니라 하나의 가능한 미래, 즉 미래가 어떻게 될 것인가에 대한 견해이며, 현실에 대한 명확한 분석 등을 통하여 불확실성을 구조화하고, 세계가 어떻게 움직이는가에 대한 의사결정자의 가정들을 변화시키며, 현재에서 미래까지의 경로를 서술하는 스토리 또는 지도(MAP)를 의미한다.
- 미국에서는 국가정보위원회에서 2008. 11. 〈글로벌 트렌드 2025 : 대변혁 이후의 세계〉를 통하여 2025년 세계변화를 전망하였으며 이는 1997년 〈글로벌 트렌드 2010〉, 2000년 〈글로벌 트렌드 2015〉, 2003년 〈NIC 2020 Project〉에 이어 4번째 미래예측 프로그램이다.

영국은 무역산업성 산하 과학기술청(OST)에서 1994년부터 미래예측 프로그램을 진행하고 있으며, 2002년 9월 〈미래예측 2020 시나리오〉를 발간하였고, 2002년 이후 1, 2차 시나리오와 연속성을 가지고 미래도전을 명백히 할 수 있는 주제를 선정하여 제3차 시나리오를 구성 추진 중이다.

독일은 교육연구부와 '미래 컨소시엄'이 2001년부터 고령사회 등

미래문제 해결을 위하여 2020년 사회모습예측 프로그램을 추진하고, 2005년에는 미래핵심주제 발굴 온라인조사를 실시하였다. 주 단위에 서는 라인란트팔츠 주가 2003년에 '미래 레이더 2030'을, 2006년에 '청 소년이 미래를 연다'는 프로젝트를 시행하였다.

일본은 2004년 경제재정자문회의에서 전문조사회를 구성하여 2030 미래모습을 제시하고 2005년 일본의 '21세기 비전'을 제시하였다.

민간기업의 경우 독일 지멘사는 2004년 미래전략보고서(Horizon 2020 시나리오)를 5개 생활영역별로 미래모습에 대해 논리적으로 상호 배치되는 2개의 상반된 시나리오「Horizon1, Horizon2」로 작성하였다.

독일 바스프사(BASF)는 2005년「2015 미래 경영전략 시나리오」를 수립하였으며 도이치텔레콤은 미국 랜드사에 의뢰하여 ICT의 발전이 미래 독일에 미칠 영향을 분석「2015 ICT 비전」시나리오를 구성하고 미래의 기회와 위협을 발굴하여 활용하고 있다.

(2) 직관과 예언

직관과 예언도 미래예측방법의 하나이다. 2000년 겨울에 발간된 「매화역수의 부록에 실린 송하비결」은 동·서양을 막론하고 엄청난 적중력을 지닌 전대미문의 예언서라고 한다.

조선 말부터 천지가 개벽하는 말세 전후까지의 기간 동안 한 권의 역사책을 서술하는 것처럼 각종 중요한 사건을 연도별로 분석·기술 해 놓은 예언서이다. 송하비결은 2004년부터 도래할 한반도의 난세를 맞이하여 국민과 국가가 대처해야 할 지혜와 혜안을 제공하여 우리 민 족을 구제해 줄 수 있는 서사시이다. 이러한 난세가 2011년 종식되면 그 이후에는 우리 민족에게 무릉도원의 또 다른 세계가 기다린다고 하 였다.[3)]

---

3)「송하비결서문」(황남송, 2003)

2013년과 2014년 부분을 인용하면 다음과 같다.

- 2013년
  - 2013년 검은 뱀의 해에는(黑蛇之歲)
  - 우리나라에(家中不食)
  - 대륙 간 횡단철도가 개통되는데(善舟良馬)
  - 대륙 간 횡단철도의 효용성은 매우 커서(其德廣大)
  - 경제적 이익이 많게 되므로(畜財積穀)
  - 국민들에게 많은 후생복지 혜택이 돌아간다(常道大行).

- 2014년
  - 2014년 푸른말의 해에는(靑馬之歲)
  - 주위에 많은 국가들과(魚遊大河)
  - 친교를 맺어 우방으로 만든다(設辨化邦).
  - 살인, 강도 등 커다란 사건이 일어나서(刑殺照臨)
  - 사회질서를 바로 잡는 입법에 관한 논의가 일어나니(立法論議)
  - 바른 제도를 법으로 제정한다(正法制度).
  - 이로써 재산상 손실을 보지 않으며(財産不喪)
  - 도둑을 방지하여 서민들을 보호한다(防盜庶民).

* 예언서로서의 비결은 은어와 파자로 구성되어 있고 한자로 표기되어 있어 뜻이 모호할 수 있으나,

- 2010년 부분을 인용하면
  - 백호지세(2010년 흰호랑이의 해에는)
  - 굉굉정정(사방이 온갖 종류의 전쟁소음으로 가득차게 되어)
  - 산하혈광(산천이 피로 물들여지고)
  - 도중분연(전쟁으로 수도권에 분연이 가득차게 된다)

＊2010. 3. 16. 서해 천안함 폭침사건으로 사병 46명이 전사하고, 2010. 11. 23. 서해 연평도 포격으로 군·민 21명의 사상자가 발생한 역사적 사실을 살펴보면 예언이 빗나갔다고 할 수도 없을 것이다.

＊또한 2011년 남아프리카공화국 더반에서 열린 개최국 결정투표에서 역사적인 2018년 평창 동계올림픽 개최가 확정된 것을 감안해 볼 때(위의 책「송하비결」에는 평창 동계올림픽 한국 개최를 암시하는 예언이 들어있다) 더욱 빗나간 예언이었다고 할 수도 없을 것이다.

(3) 추세외삽법

추세외삽법은 말 그대로 지금까지 우리가 경험해 온 여러 사실들을 근거로 과거의 추세를 그대로 미래에 외삽시켜 미래를 예측하는 방법으로 앞으로의 변동 추세를 연속적 변화과정으로 예측하는 것이다.

＊예 : 현재 추세대로가면 2013년의 경제성장률은 3.2%로 본다.

과거의 변화나 발전의 흐름, 즉 추세에는 일정한 규칙이 있어 이 규칙이 적용된다는 것이다.

콘드라티예프 장기파동과 같이 경제나 과학의 발전에 일정한 규칙에 따라 변화가 있어 왔다면 현재 상황은 어디에 있고 앞으로 어떤 변화가 도래할 것인가는 과거의 주기와 패턴을 가지고 예측해 갈 수 있을 것이다. 현재 이용가능한 정보를 분석해 간다는 점에서 전문가를 대상으로 하는 델파이 기법과는 차이가 있다.

(4) 키워드와 트렌드를 분석한 예측

키워드를 통한 예측은 주요 트렌드와 이슈를 분석하여 키워드로 제시하는 것이다. 2013년 뱀의 해의 주요 트렌드와 이슈를 키워드로 예측하여 필자는 "SNACK WISDOM"을 제시한다.

＊똑똑한(Smart), NT기술(Nano Technology), 분석(Analysis), 위기
(Crisis), 지식정보(Knowledge Information), 여성(Women), 혁신
(Innovation), 안전(Safety), DNA(DNA), 기회(Opportunity), 메가
트렌드(Mega Trend)를 풀이하면 "뱀같은 지혜로 승리하라."가 될
것이다.

마태복음 10장 16절(너희는 뱀같이 지혜롭고 비둘기 같이 순결하라)
의 지혜가 2013년 우리의 앞길을 밝혀 줄 것이다.

지금의 세계경제와 재정위기, 고용 없는 지식정보경제의 저성장을
극복하려면 똑똑한 인공지능의 스마트사회와 NT기술, 유전자정보,
DNA 등 21세기 핵심기술을 분석하고 패러다임 전환에 대비하여 지속
적인 혁신과 지혜로 메가트렌드인 지속가능한 발전과 삶의 질, 국민행
복의 목표로 발전해 가야 할 것이다.

이와 같이 키워드와 트렌드를 분석함으로써 사회의 진전방향을 예측
할 수도 있다. 과학기술의 혁신과 글로벌경제로 특징지워지는 21세기
의 첫 10년을 보낸 2012년 현재 세계경제는 위기와 침체의 격랑의 파도
속에서 지금 우리는 어디에 와 있으며, 어디로 가는 것일까? 한치앞도
안보이는 칠흙같은 어둠의 바다, 폭풍 속에서 나아가야 할 방향을 알려
주는 나침반의 중요성은 무엇과도 비교할 수 없이 소중하게 여겨진다.
예측할 수 없는 불확실성의 시대에 무엇을 나침반으로 삼아 인류가 영
원히 꿈꾸어온 유토피아, 무릉도원을 찾아가야 할까? 키워드와 트렌드
분석을 통해서 미래를 예측하고 앞날을 비추어주는 등대의 불빛으로
삼아 우리의 미래를 찾아가야 할 것이다.

6. 타임이 선정한 "인터넷과 UCC의 평범한 당신"

  미국의 시사주간지 타임은 2006년 올해의 인물로 "당신(YOU)"을 선정했다.
타임은 "2006년을 돌이켜 보면 위대한 사람(great man)보다는 커뮤
니티와 공동작업(collaboration)이 훨씬 의미있는 역할을 했다."면서 인
터넷 공간에 열심히 UCC(이용자 제작 콘텐츠)를 보낸 평범한 당신이
2006년의 주인공이며 네티즌 백과사전인 위키피디아를 비롯해 동영상
공유사이트 유튜브, 그리고 미국의 대표적 커뮤니티 사이트인 마이스
페이스를 예로 들었다. 페이스북은 이제 2012년 10월 가입자가 10억명
을 돌파하였으며, 5억명의 가입자를 가진 트위터가 이러한 경향을 더
욱 심화시키고 있음을 우리는 보고 있다. 평범한 사람들이 위키피디아
를 비롯한 각종 인터넷 공간을 통해 디지털 민주주의의 틀을 만들어 전
세계의 미디어 영역을 장악하였으며, 페이스북과 트위터는 수만명에
달하는 소수들을 한데 모아 이집트와 리비아와 중동의 봄을 만들어내
며, 월가 시위를 주도해 나가고 있는 것이다. 결국 "승자"는 인터넷을
이용하거나, 인터넷공간에 콘텐츠를 만든 사람들이라는 것이 타임의
설명이다.

  세계인들은 토마스 카일라일의 명언처럼 "세계역사는 위대한 개인
들의 전기일 뿐"이라고 생각하고 아인슈타인, 에디슨, 스티브 잡스와
같은 고독한 천재를 사랑했다. 하지만 이제 상황이 바뀌고 있다. 세계
역사를 주도해 왔던 "고독한 천재"들도 다른 사람들과 함께하는 법을
배우지 않으면 안 되는 상황이 된 것이다. 실제로 자동차회사들은 이
젠 공개적인 디자인 콘테스트를 실시하고 있다. 그런가 하면 로이터통
신은 자신들의 기사 바로 옆에 블로그의 글들을 표출시키고 있다. 마이

크로소프트사도 사용자들이 생산하는 리눅스의 도전에 맞서 힘겨운 싸움을 계속하고 있는 것이다. 1981년 올해의 인물로 "PC"를 선정하면서 PC혁명을 예견했던 타임은 그로부터 30년이 지나 이제 "PC의 종말"의 시대를 목격해야 하는 것이며 모바일인터넷과 스마트폰의 평범한 사람들이 만들어내는 디지털 직접민주주의의 시대를 보고 있는 것이다.

1927년 이후로 매년 올해의 인물을 선정해 오고 있는 타임은 1927년 뉴욕-파리 간 무착륙 무급유 횡단비행을 한 찰스 린드버그를 시작으로 1928년은 자동차의 명가 크라이슬러의 창업주 월트 크라이슬러를 선정하였으며 2008년 미국 오바마 대통령, 2010년 페이스북 CEO 마크 주커버그, 2011년 올해의 인물로 "시위자"까지 총 85회의 올해의 인물을 선정하면서 20세기 전반에는 루스벨트, 스탈린, 처칠, 아이젠하워, 엘리자베스2세, 케네디, 닉슨 등 전쟁영웅과 정치인들을 주로 선정하였으나, 1975년 빌 게이츠가 마이크로소프트를 창립하여 MS-DOS를 개발함으로써 개인용 컴퓨터(PC) 시대가 시작되었고, 각 가정에 컴퓨터를 보급함으로써 1가구 1PC시대가 도래되어 1981년 올해의 인물로 "The Computer(컴퓨터)"를 선정하였다. 1995년에는 점포 하나 없는 서점이 탄생하였다. 당시 매우 생소하고 성장할지조차 의심되는 새로운 인터넷의 세계에 주목하여 인터넷서점 "아마존"이 창업되었으나 인터넷시대의 새로운 성공적 기업모델로 타임은 1999년 아마존 창업자인 "제프리 존스"를 올해의 인물로 선정하였다. 새로운 전자상거래시대가 열린 것이다. 1928년 타임지 올해의 인물로 선정되었던 "크라이슬러"가 현재 GM과 함께 파산하는 장면을 우리는 목격하였으며, 이제 공업화, 산업화 내연기관의 상징이 막을 내리고 인류문명은 지식정보혁명과 기후변화, 상상력과 창의성, 공감의 세계로 문명의 대전환을 시도해 가고 있는 것이다.

미래는 과거에 있다. 지금까지 타임의 올해의 인물과 선정배경을 일목요연하게 살펴봄으로써 우리는 다가오는 새로운 미래를 어렴풋이 상상할 수 있는 것이다.

다차원으로 다가오는 새로운 미래

2001년 1월 1일부터 시작된 21세기의 첫 10년을 보내고 2번째 조각을 집어 들었지만 케이크 전체의 맛을 알 수도 없고 전체의 모양도 짐작할 수 없고 불확실한 혼돈을 가져오고 있다. 21세기를 기대하며 집어 들었던 21세기 100년의 첫 번째 조각은 닷컴버블의 붕괴, 2008년 미국 리먼브라더스 사태로 시작된 전대미문의 세계금융위기, 2011년 일본대지진, 유럽재정위기와 유럽과 미국의 신용등급 하락, 일본을 제치고 중국이 세계 2대 경제대국 부상, 미국과 유럽의 세계경제비중의 지속적 하락과 21세기 태평양시대, 중국과 아시아의 부상이라는 그림이 장식되어 있었다.

앨빈 토플러는 「미래쇼크」, 「제3의 물결」, 「부의 미래」에서 시간의 재정렬, 공간의 확장, 지식에 대한 신뢰가 상호작용하는 거대한 바다의 심층기반의 변화와 농업혁명, 산업혁명, 지식정보혁명의 산물인 각 사회시스템 간에 상호 충돌하고 있는 속도의 충돌, 물결의 충돌이 세계경제위기의 근본원인이라고 진단하였으며 제러미 리프킨은 노동의 종말에서 2025년이면 1995년에 투입된 노동력의 5%만 필요하고 95%는 사라진다고 하였고 「소유의 종말」에서 유형의 소유권보다 무형의 접속권, 지적 이용권의 시대, "나는 접속한다. 고로 나는 존재한다."고 하고, 「유통의 종말」, 「공감의 시대」에서 창조적 파괴를 통한 21세기 새로운 미래를 예견하였으나 축구공에서 럭비공으로, 체스게임에서 바둑으로 게임의 룰이 변해가는 다가오는 새로운 미래를 선뜻 명확하게 알 수는 없다. 미래는 현재와 다른 시각으로 보아야 한다. 현재와는 다른 미래, 다른 변화, 다른 종류의 문제와 위기가 한꺼번에 밀려오기 때문이다. 변화가 심하지 않았던, 농경사회와 산업사회와 달리 다가오는 새로운 미래는 선형적·단선적으로 징검다리를 건너듯이 하나씩 하나씩 변화하거나 발전하는 것이 아니라 급격한 환경변화와 기술혁신으로 현재와는 전혀 다른 "전대미문"의 현상을 경험하게 될 것이다. 제러미 리프킨은 지금 세계가 인류사에 몇 번밖에 없는 중요한 변곡점에 와 있다고 하였다. 그는 인류에게 "3차 산업혁명"이 도래하고 있으며 3차 산업혁명은 1, 2차 산업혁명과는 완전히 다른 경제구조와 국제관계, 고용체계, 소통방식을 낳게 될 것이라고 전망했다. 3차 산업혁명의 핵심은 정보기술과 에너지혁명이다. 정보기술과 에너지혁명은 서로 밀접한 관련을 가지고 발전하고 있다. 사회구조를 집중적에서 분산적, 폐쇄형에서 개방형으로 바꿔놓고 있으며, 에너지 커뮤니케이션 혁명은 협업과 분산 네트워크를 기반으로 새로운 경제체제를 만들고 있다. 3차 산업혁명의 시대에는 서로 협력하는 개인, 기업, 나라만이 살아 남을 수 있다. 승자와 패자가 갈리는 게임이 아닌 윈윈전략이 미래 사회의 키워드가 될 것이다.

천성적으로 유대감과 공감의 정서가 뛰어난 한민족은 다른 사람이 어떻게 생각하는지에 대해 민감하게 반응하고, 다른 나라를 침략하지 않고 평화를 추구하면서 살아왔으며 핵심자산인 정보기술(IT)의 발달, 높은 환경의식, 사회적 유대감과 공감의 정서로 제3차 산업혁명을 이끌어 갈 것이라고 하였다.[1]

정보혁명(IT)에 이어 그린에너지 혁명이 오고 있는 것이다. 다가오는 새로운 미래를 정의하는 키워드는 무엇인가?

다가오는 새로운 미래를 정의하는 키워드를 여기서는 ① 속도, ② 복잡성, ③ 변화, ④ 문화, ⑤ 위험사회의 5가지 키워드로 정리하여 제시한다.[2]

---

1) 동아일보(2011.12.31)

2) 제임스 캔턴(극단적 미래예측 2009.9.19) 제임스 캔턴은 지난 30년간 미국의 대기업 컨설팅결과를 바탕으로 미래를 정의하는 키워드로 "놀라움(Amazing)"을 제시하고 있으나 "놀라움"은 미래를 정의하는 키워드라기보다는 급격한 변화의 결과로 나타나는 정서적 반응을 표현하는 것으로 보는 것이 보다 적합할 것이다.

1. 새로운 미래를 정의하는 5가지 키워드

속 도

변화의 속도는 눈부실 정도로 빠르며 삶의 모든 면에서 영향을 미칠 것이다.

지금 지식정보사회라는 제3의 물결시대에 제2의 물결인 산업사회에서의 기계처럼 효율적으로 운영되는 사회와 국가, 동시화된 획일성으로 행동하는 시스템은 더 이상 제대로 적응해 갈 수가 없다는 것이 입증되었다. 경제와 사회변화는 너무나 빠른 속도로 달리는데 조직과 제도가 한참 뒤에 처진다면, 사회 전체의 비동시성은 증대해 갈 것이며, 조직과 제도에 대한 사회 전반의 변화와 혁신을 요청하는 소리가 높아질 것이다.

속도측정기를 준비하여, 사회 전반의 속도를 측정해 보는 것이 필요하다. 왜냐하면, 속도는 사회 전반의 변화와 혁신에 대한 매우 중요한 변수이기 때문이다.

- 시속 100마일 : 오늘날 가장 빠르게 변화하는 기업이나, 사업체의 속도이다.
- 시속 90마일 : 2등 조직은 바로 집단적인 시민단체들이다.
- 시속 60마일 : 세 번째 차에는 가족이 타고 있다. 아버지는 일하고, 어머니는 살림하는 핵가족 제도가 이제는 서울에서 1인 가구가 24%, 86만 가구이다.
- 시속 30마일 : 기업, 시민단체, 가정이 급속도로 변하고 있다면, 한국의 노동조합조직률은 2010년 9.8%로 1989년 19.8%보다 감소했다. 노동조합의 쇠퇴는 제2의 물결인 대중사회의 쇠퇴를 반영하는 것이다.
- 시속 25마일 : 피라미드식 정부관료조직과 규제기관들은 천천히 변

할 뿐만 아니라 빠르게 바뀌는 기업의 속도를 떨어뜨린다.

- 시속 10마일 : 바로 학교이다. 10마일로 기어가는 교육체계가 100마일로 달리는 기업에 취직하려는 학생들을 제대로 교육하겠는가?
- 시속 5마일 : 이들은 유엔, 국제통화기금, 세계무역기구, 만국우편연합 등 정부 간 국제기구 등이다.
- 시속 3마일 : 느리게 변화하는 정치조직이다. 국회에서 정당에 이르기까지 현재의 정치시스템은 지식기반경제의 엄청난 속도와 고도의 복잡성을 제대로 다룰 수 없을 것이다.
- 시속 1마일 : 마지막으로 가장 느리게 변화하는 것이 법이다. 법원, 변호사협회, 법과대학원과 법률회사 등을 포함하는 기관들과 실질적인 법 그 자체이다. 흔히 법이 살아 있다고 하지만 겨우 살아 있는 것이다. 법조계 사람들은 일하는 방식을 바꿔가고 있지만 법 자체에는 거의 변화가 없다. 마이크로소프트사의 해리섬은 "요즘 인터넷 세상에서 마법의 속도는 0.25초로 이만큼 빠르냐 늦냐가 업체의 성공이 좌우된다"고 말했다. 여기서 한 가지 중심이 되는 사실은 분명히 있다. 그것은 가정, 회사, 산업, 국가경제, 글로벌 시스템 등 그 모든 면에서 시간이라는 심층기반과 부 창출 사이의 관계가 그 어느 때보다 전면적인 변혁에 휩싸여 있다는 것이다.[3]

복잡성

전혀 관련이 없을 것 같은 분야가 결합해 라이프스타일에서부터, 작업, 개인안전, 국가안보에 이르기까지 모든 분야에 직접적인 영향을 미칠 것이다. 현대는 불확실성의 시대이다. 왜 사회는 복잡하고 불확실성에 가득 차 있는가? 모래를 모아서 모래 탑을 쌓는다고 하면 어느 정도 모래 탑을 쌓아 올린 후부터 모래 탑은 매우 불안정한 상태가 될 것이다.

3) 앨빈 토플러(「부의 미래」, 청라출판. 2007, p.63)

모래 한 알이 더 들어 갔을 때, 어떤 경우엔 모래알이 흘러내리고 또 어떤 경우엔 모래 탑이 무너지기도 한다. 이 모래 탑이 언제 무너질지 예측할 수 없으며 이것은 불확실성으로 가득 찬 문제다. 세상은 이렇듯 앞일을 알 수 없는 불확실성의 세계다. 불확실성의 원인은 복잡성이다. 모래 탑의 안정성 문제는 모래 탑 하나의 문제가 아니다. 모래 탑을 구성하는 모래알 하나하나가 서로 얽혀 있는 복잡성이 불확실성을 이끄는 원인이다. 세상은 단순하게 이루어진 것이 아니다. 여러 요소들이 복잡하게 얽혀 있는데, 그 복잡성이 불확실성을 키운다. 정치, 경제, 금융, 기업 등 여러 곳에서 복잡성이 커지면서 불확실성이 늘어나고 불안정해진다.

세상은 엔트로피(무질서, 복잡성)가 증가하는 방향으로 모든 변화가 이루어진다. 세상은 점점 더 복잡해지고 불확실성은 점점 더 커진다. 우리들이 간과하는 것 중에 하나가 바로 복잡성이다. 세상은 복잡하지만 우리들은 세상을 바라볼 때 몇 가지 요소만 파악하고 단순화해서 바라본다. 우리가 파악하지 않은 다른 요인들과 단순화 과정에서 빠진 것들이 사실은 세상을 움직이는 주요 변화요인들이다.

변 화

직업, 지역사회, 인간관계에 극단적인 변화가 발생하며 이 변화에 적응하지 못하면 생존하기 힘들 것이다. 끊임없는 변화가 인류문명의 발전 원동력이다. 한국은 한 세대 안에 1차, 2차, 3차 산업혁명과 전쟁의 잿더미 위에서 5천년 가난의 때를 벗어버리고, 원조받는 국가에서 원조를 주는 국가, 무역 1조달러를 세계 9번째로 달성하고 세계 제1의 IT 강국이 되었다. 일제의 식민지배와 독립운동, 제2차 세계대전, 6·25 동란, 5·16 쿠데타, 4·19 혁명, 5차의 경제개발5개년 계획의 성공, 한강의 기적, 산업혁명과 정보혁명, 6월 민주항쟁, IMF위기, 계층 간 양극화, 2040 vs 5080 세대 간의 갈등, 남북 간 경제협력 vs 강경대치의 반복, 세계 171위의 최저의 저출산, 세계 최고의 고령화속도, K-POP, 세계 1위의 노인자살률, 세계화, 골드만삭스가 2050년 미국에 이어 세계 2위 소득국가로 예상 등 한국은 지난 수십년간 끊임없이 변화하고 세계를 놀라게 하였다. 미래의 성공을 보장하는 것은 지금까지의 성공이 아니라 끊임없는 변화에 적응해 가야 하는 것이다. 우리는 다가오는 새로운 미래의 문턱에 이제 막 들어섰다. 미래에는 인구변화와 혁신적 기술발전, 기후의 급격한 변화, 세계화, 나노테크, 바이오테크, 뉴로테크놀로지 등 혁신기술이 사회를 전반적으로 변혁하게 될 것이다.

이러한 변화에 제때 적응하지 못하면 인류의 생존은 위기를 맞게 될 것이다. 현재로서는 상상하기 어려울 정도로 놀랄 만한 일이 매일 터질 것이며, 그 일은 감성이나 논리로는 설명할 수 없을 것이다.

"미국의 신용등급이 하락했다."

"일본 9.0 대지진으로 39m의 쓰나미가 몰려왔다."

"IT기업인 IBM이 물 사업을 한다."

과거의 시각으로는 이해할 수 없는 일들이 세계 도처에서 연일 발생한다. 지금까지의 경제이론이나 예측으로는 상상하기 불가능한 일들이 일어나는 것은 21세기 산업패러다임이 바뀌고 변화의 속도가 빠르고 복잡하며 상호작용하면서 발생하는 시너지가 종전의 시각으로는 예상할 수 없기 때문이다.

문 화

21세기는 문화산업에서 각국의 승패가 결정되고 최후의 승부처는 바로 문화산업이다. 미래의 상상력과 창의성, 스토리산업은 문화가 결정한다. 워싱턴저널(2012.4.15)은 전 세계에서 부는 K-POP의 열풍은 한민족의 집단가무풍습에서 비롯된다고 하였다. 우리 선조는 풍년이나 어려운 일을 만날 때도 마을사람이 함께 모여 손에 손을 잡고 강강술래를 부르고 집단가무를 추는 풍습이 있었다. 현재 전 세계에서 부는 K-POP의 카라, 소녀시대, 2AM, 2PM 등의 노래가 전 세계인의 사랑을 받는 것은 우리 민족의 정과 흥을 바탕으로 한 집단가무풍습의 문화가 그 밑바탕이 된 것이다.

1960년대 초반 가나와 한국의 경제성장이 아주 비슷했지만 50년 후 한국은 세계 10위의 경제규모의 산업화와 민주화를 달성하고 지식기반경제로 성공적으로 이행하였으나 가나의 1인당 GNP는 현재 한국의 1/30 수준이다. 이것은 한 사회 내에서 우세하게 발현하는 가치, 태도, 신념, 지향점, 그리고 전제조건을 말하는 "문화"가 미래를 정의하는 결정적 요인이며, 키워드임을 실증적으로 증명해 주고 있는 것이다.

위험사회

새로운 위기, 강도 높은 위험, 테러와 범죄, 세계적인 경제위기로 인해 보다 많은 위협이 증가할 것이다. "위험사회"의 저자 울리히 벡은 현대사회를 문명의 화산 위에서 살아가는 위험사회로 규정했다. 한국사회는 아주 특별하게 위험사회라고 지적하면서 선진국이란 언제 닥쳐올지 모르는 위험을 오늘의 문제로 준비해가고 위험이 발생했을 때 사회적 갈등 없이 해결해나가는 사회라고 한다. 핵무기, 자연의 대재앙, 기후변화 같은 문제는 전 세계적으로 보편화되었으며, 글로벌 위험사회에서 꼭 필요한 능력인 환경을 염두에 두고 생각하고 행동함으로써 신뢰를 얻어내는 능력이 필요하다고 한다. 제임스 캔턴은 「극단적 미래예측」에서 미래위험사회 10대 트렌드를 다음과 같이 제시했다.[4]

---

4) 제임스 캔턴(「극단적 미래예측」, 2009, p274)

(1) 바이오 테러의 가능성이 크다. 이 생물학적 무기는 보이지도 않으면서 조용하고 쉽게 운반이 가능하기 때문에 사전에 적발하기가 어렵고 도시를 대상으로 쉽게 퍼뜨릴 수 있다.

(2) 일종의 핵무기인 더티 밤(Dirty Bomb)이 우리 삶, 건강, 재산을 위협한다. 더티 밤 방사능 하나로 40만명을 오염시킬 수 있다. 이 경우, 방사능 물질에 노출된 사람은 병에 걸리거나 죽고 공격을 받은 도시는 다시는 사람이 살 수 없게 된다.

(3) 제3차 대전은 이미 시작되었다. 9·11 사태로 촉발된 새로운 종류의 세계적 분쟁은 문명세계를 파괴하려 위협하고 있다.

(4) 사이버 테러공격이 우리에게 다가오고 있다. 무역, 금융, 통신, 식량공급, 교통수송, 에너지, 건강 등 세계 모든 주요 분야가 점점 하나로 연결됨에 따라 우리는 더욱 취약해지고 있다.

(5) 미래의 범죄는 첨단기술로 무장해 더욱 지능화할 것이다.

(6) 개인의 아이디(ID)가 굉장한 가치를 지닌 상품으로 평가되어, 이를 훔쳐 판매하는 일이 증가할 것이다.

(7) 사생활이 존중되는 시대는 막을 내린다. 사람들은 감시당하더라도 안전한 쪽을 선택할 것으로 보이며 여기에는 비디오를 통한 감시, 데이터베이스 탐지, 위성 및 바이오매트릭 같은 기술이 이용될 것이다.

(8) 개인의 안전이 하나의 시장으로 떠오를 것이다.

(9) 극단적 신종 전염병이 발생할 가능성이 있는데, 이것은 사스, 조류독감, 에이즈, 에볼라 같은 기존의 전염병을 형편없는 구식 전염병으로 만들어버릴 것이다.

(10) 테러를 자행하기 위해 약물, 기술, 도구를 이용하는 뉴로 전쟁이 사람들의 사고와 행동을 통제하는 무기로 이용될 것이다.

지도와 나침반

다가오는 미래를 향한 망망대해의 거친 파도와 폭풍을 헤치고 안개 속을 항해할 때, 밀림 속의 정글과 수풀을 헤치고 미래를 향한 여정을 나아갈 때 지도와 나침반은 우리의 길잡이가 될 것이다. 혼돈과 격변의 현시대에서 우리가 나아가야 할 좌표를 새롭게 설정하고 21세기 감성과 창조의 새로운 땅을 찾아 항해해 나가야 할 것이다.

미국의 "타임"은 그 해에 가장 많은 영향을 끼친 인물로 올해의 인물을 발표하고 있다. 1927년 이후, 루스벨트, 스탈린, 마셜, 트루먼, 처칠, 아이젠하워 등이 선정되었으나 1960년 미국의 과학자, 1966년 25세 이하의 세대(베이비붐), 1975년 미국의 여성, 1981년 올해의 컴퓨터, 1988년 위기에 처한 지구, 2006년 인터넷과 웹 2.0을 통해 정보를 공유하고 만들어가는 수많은 사람들을 지칭하는 "당신", 2010년 페이스북 CEO 마크 주커버그, 2011년 "아랍의 봄"부터 "월가를 점령하라"로 이어지며 역사의 변화를 불러온 "시위자"가 선정되었음은 세계역사와 문명의 대전환과 또 다른 한 세기의 패러다임의 전환을 예측할 수 있는 지표이며 나침반이라고 할 수 있다.

2. 태평양시대, 중국과 아시아의 부상

　아테네와 로마, 스페인, 네덜란드, 영국과 미국 등 세계역사를 주도해 나갔던 나라들은 대부분 바다를 장악했으며, 바다를 통하여 제국의 흥망성쇠가 결정되었다. 3면이 바다인 한반도는 남·북으로 분단되어 있어 국가경제의 98% 이상을 무역이 차지하고 대외의존도가 높으며 무역의 90%가 바다를 통하여 이루어지고 바다를 통하는 물동량의 99.8%가 제주 앞바다를 지난다. 인류의 문명사를 보면 아테네와 로마제국의 지중해, 스페인의 대서양을 통한 팽창과 1588년 영국해군이 스페인의 무적함대를 격파하고, 네덜란드와 함께 세계의 제해권을 장악하였다. 이후 영국은 300년간 세계를 제패하고 대서양의 시대를 열었다. 20세기 후반 미국이 세계경제를 지배하고 팍스아메리카나를 지향하였으며 1980년 미국은 세계생산의 49% 비중을 차지하였으나 2011년 중국이 일본을 제치고 세계 2위의 경제대국에 올라섰다. IMF는 2016년 중국경제가 미국경제를 추월하여 세계 1위의 경제대국으로 부상할 것이라고 전망하였다. 지중해시대와 대서양시대를 거쳐 바야흐로 태평양과 아시아시대가 열린 것이다. 최근 미국금융위기와 유럽의 재정위기로 선진경제권의 경제발전단계가 성숙기에서 쇠퇴기로 접어드는 조짐을 보이고 지속성장 여부가 불투명한 가운데 1995년 세계 GDP의 1/3에 불과했던 신흥경제권의 비중이 2010년 현재 45%, 2015년 50%, 2020년 55%로 선진경제권을 추월하게 될 것이다. 1만불 이상 중산층 인구 중에서 신흥경제권이 차지하는 비중 역시 2010년 5.6억명(40%)에서 2020년 14.6억명(61%)로 높아져서 선진경제권을 압도할 것이다. 1980

년 세계경제비중이 2.2%에 불과하던 중국이 2012년 14%, 2016년 중국 GDP는 19조달러에 달해 세계경제 총량의 18%를 차지하게 될 것이며 2050년 28%에 달할 것이다. 이코노미스트는 2020년 중국과 인도가 세계경제성장의 40%를 담당할 것이며, 시티그룹은 2050년 인도가 세계 1위의 경제대국이 된다고 전망하였다. 2008년도 미국금융위기와 2011년 유럽과 미국의 재정위기에서도 개발도상국들이 선진국들보다 먼저 벗어나는 양상을 보이고 있다. 특히 우리 수출에서 25% 이상의 비중을 차지하는 중국이 2012년에도 지속적인 성장을 이어갈 것으로 예측되어, 수출의 견인차 역할을 할 것으로 보인다.

▌ 총수출에서 차지하는 중국의 비중증가 추세 ▌

(억 달러, %, %p)

	전 체	중 국	미 국	일 본	OECD	원자재 수출국
2000년 수출액(A) (비중)	1,723	185 (10.7%)	376 (21.8%)	205 (11.9%)	923 (53.6%)	169 (9.8%)
2008년 수출액(B) (비중)	4,220	914 (21.7%)	464 (11.0%)	283 (6.7%)	1,532 (36.3%)	683 (16.2%)
2000~2008년 증감(B-A)	2,497	729 (+10.9%p)	88 (-10.8%p)	78 (-5.2%p)	609 (-17.3%p)	514 (+6.4%p)

* 자료 : 한국무역협회(KITA.net)

최근 브릭스를 이어 MAVIS(멕시코, 호주, 베트남, 인도네시아, 남아공)가 주목받고 있다. 인도네시아는 인구 3억 4천만명으로 세계 4위의 인구대국으로 2050년 세계 6위의 경제대국이 될 것이다. 골드만삭스는 한국의 1인당 국민소득이 2050년 미국에 이어 9만달러로 세계 2위를 달성할 것으로 전망하였다. 이제 태평양시대, 중국과 인도, 아시아가 부상하고 있는 것이다.

중국의 세계경제 점유비중 증가 추세

10세기경 중국 송나라의 국내총생산이 265억달러로 세계경제비중이 22.7%에 달했다. 같은 시기 일본경제비중은 2.7%, 북미는 0.7%로 미미했다.

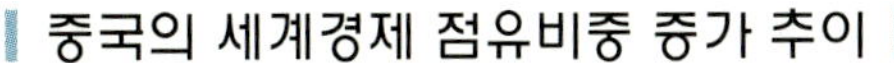

┃ 중국의 세계경제 점유비중 증가 추이 ┃

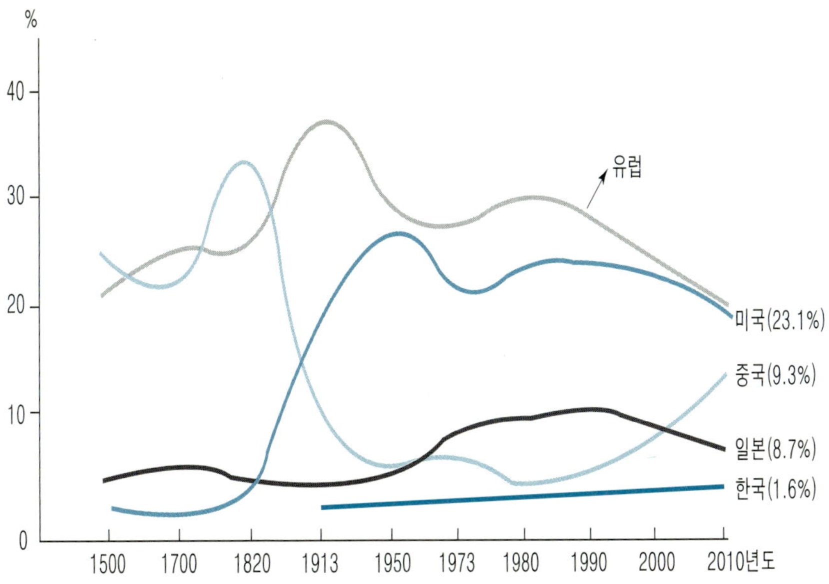

* 자료 : sbscnbc(2012.2월 방송)

1820년 청나라 건륭황제 때 세계경제비중은 32.9%에 달하여 당시 세계최고의 경제대국이었다. 당시 영국비중은 5.2%, 일본은 3.0%, 미국은 1.8%를 점유하였다는 자료를 감안하면 당시 중국이 세계경제에 점유하는 규모가 어느 정도였는지 알 수 있다. 그러나 중국은 1820년대 아편전쟁 이후 1970년대까지 거의 150년 동안 세계경제비중이 지속적으로 하락하였다.

1980년 미국의 제조업비중은 20%, 서비스를 포함한 여타 산업비중은

80%였는데, 이때 미국은 세계 GDP의 49%를 생산하였으나 2010년 23%로 감소하였다. (한국일보 2012.2)

┃ 세계경제 점유비중의 증감 추세 ┃

국가별	2000년	2010년	증 감
중국	3.7%	9.3%	5.6% 증가
미국	30.9%	23.1%	7.8% 감소
일본	14.5%	8.7%	5.8% 감소
러시아	0.8%	2.4%	1.6% 증가
인도	1.5%	2.6%	1.1% 증가
브라질	2.0%	3.3%	1.3% 증가

중국, 덩샤오핑의 개혁개방과 실용주의 노선은 100년 간다

중국의 1970년대 이후 경제성장을 이룩한 가장 큰 영향력을 행사한 인물은 덩샤오핑일 것이다. 그의 말대로 검은 고양이든 흰 고양이이든 쥐만 잘 잡으면 된다고 했듯이 그가 검은 고양이였는지 흰 고양이였는지는 그리 중요하지 않을 것이다. 우리가 기억해야 할 것은 덩샤오핑 자신이 바로 고양이였으며 쥐를 잘 잡았을 뿐 아니라 18세기 이후 세계사에서 중국의 하락을 가져온 몇 가지 괴물을 잘 잡은 고양이였다는 사실일 것이다.

그는 몇 가지 역사적인 실책과 정치적 결함에도 20세기 중국의 마지막 25년간 중국을 통치한 지배자였으며 중국의 최초이자 가장 결정적인 근대화를 이룩한 위대한 정치가로 기억되고 있다. 덩샤오핑의 정치철학을 "실용주의"라고 하는데 실용주의란 "이론 없는 이론", "철학 없는 철학"이라고도 불리기도 하지만 덩샤오핑의 이념은 계속해서 중국과 중국 공산당의 총체적 이념이 되고 있다고 볼 수 있다. 덩샤오핑주의를 중국과 미국을 관련하여 정의하면 "단호하게 (미국에) 대치하고, 재주껏 (미국을) 이용할 것"[5]이라고 할 수 있다. 미국은 세계정치에서 늘 중국의 주요경쟁자로 인식돼 왔고 세계경제에서는 늘 중국의 은인이 되었다. 1990년대 이후 중국의 대미정책은 상업적 방어에서 정치적 공세로 변화해왔다.

중국과 미국의 관계는 가까운 미래에 타이완문제 등과 관련하여 1997년 이후 홍콩에 중국의 군대가 주둔하게 된 것처럼 언젠가는 첨예하게 대립하고 폭발하게 되어 있다. 이때 중국은 공개적으로 떠들어대지는 않겠지만 미국의 입장보다 더욱 강경하게 대처할 것이다. 1960년대 중·소 분쟁 시처럼 중국의 새로운 지도부는 이러한 국제정세와 외교정세를 통해서 드라마틱하게 등장할 것이다. 중국문제에 정통한 전문가 중 일부는 "중국이 한반도 비핵화라고 하는 말은 한반도의 비미국화를 의미한다."고 하는 시각도 있다. 우리가 중국과 미국의 전략에 대하여 잘 분석하고 균형 있게 대처해 나가야 할 것이다.

1984년 4월 중난하이 영빈관에서 덩은 일본 공명당 지도자들을 만났다. 이 자리에서 덩은 그들에게 "중국은 나름대로 경제개발을 이룩할 것입니다. 문을 닫고서 국경만 지킬 수는 없는 노릇이고 바깥세상을 향해 문을 열어야 하겠지요. 앞으로 백년 동안 중국의 이 정책은 변하지 않을 것입니다. 그 다음 백년 중에도 처음 오십년은 변하지 않을 것입니다. 그렇다면 그 후 오십년은" 그리고 이어서 그는 단호하게 말했다. "그때도 변하지 않을 것입니다."

중국의 이십사자 외교방침은 100년 간다

1992년 덩샤오핑은 중국의 일반 외교노선을 이십사자 방침(스물네

---

5) 「덩샤오핑 평전」(벤자민 양, 2004년, p.392)

자 방침)으로 발표했다. [6]

- 상황을 차분하게 관찰하고(냉정관찰)
- 우리 자신의 입지를 지켜(참은각근)
- 도전에 침착하게 대처하며(침착응부)
- 우리 힘을 아껴 보존하고(도광양회)
- 완강한 방어에 두드러지며(선어수졸)
- 지도력을 뽐내 나서지 말라(절부당두)

중국의 도가사상의 영향을 받은 덩샤오핑과 2000여년 이상 중국민의 사상적 기저에 뿌리 내리고 있는 「도덕경」에는 이런 말이 있다.

- 큰 나라를 다스리는 것은 작은 생선을 요리하는 것과 같다.
- 무위가 최선의 행동이다.
- 침묵이 최선의 방법이다.
- 연한 혀가 튼튼한 이보다 오래간다.

덩샤오핑이 디자인한 중국의 일반외교노선 이십사자 방침은 앞으로 100년 동안은 큰 틀의 변화 없이 중국의 일반외교노선을 지도하는 지침이 될 것이다.

역사의 정치무대에서 거대한 권력과 영향력을 가진 정치인이 연로하여 말년에 이르면 자신이 사후에 어떻게 비칠지 예민해진다.

1970년대 초 덩샤오핑은 마오쩌둥과의 사적인 대화에서 다음과 같이 말했다. "제 생각에 마오쩌둥 주석께서는 7할은 옳았고, 3할은 잘못했습니다"

그러자 마오쩌둥은 다음과 같이 대답했다. "괜찮군. 내가 기대했던

6) 「덩샤오핑 평전」벤자민 양, 2004년, p.462)

것보다 나아. 우리는 스탈린도 그렇게 평가하지 않았던가?”

2010년 현재 중국은 전 세계인구의 19.9%, 인도 17.5%, 미국 4.6%, 러시아 2.1%, 일본 1.9%, 인도네시아 3.5%의 인구분포를 보이고 있다. 중국과 인도, 인도네시아, 베트남, 일본, 남·북한을 포함하면 아시아 인구는 세계인구의 46%가 된다. 거대한 항공모함이 방향전환을 위해서는 작은 배와 다르게 시간이 걸리고, 천천히 갈 것이다. 그러나 방향전환을 완료한 항공모함은 기항지를 향해서 어떤 악천후에도 흔들리지 않고 항해를 계속할 수 있을 것이다.

2008년 중국은 베이징 올림픽에서 “하나의 세계, 하나의 꿈”을 캐치프레이즈로 내걸고 세계를 품에 안으려는 중국의 야망을 표현하였다. 태평양시대, 중국과 인도, 인도네시아의 중산층과 한국, 일본 등 아시아가 세계를 주도해 나갈 시대가 도래하였다.

3. 기후변화와 초연결사회에 기반한 21세기 사회적 기술 메가트렌드

기후변화와 초연결사회에 기반한 21세기 사회적 기술의 메가트렌드 속성은

(1) BT, NT, 인지공학, 의학, 로봇, 신산업, 환경, 에너지, 방재, 무기 등 다양한 산업을 발전시키는 중요한 요소로 발전하고 기후변화 사회, 창조사회로 그린혁명, 그린에너지 기술과 이미지와 스토리 중시사회로 발전해 나갈 것이다.

(2) 융합IT는 사물통신, 휴대기기 간 통신, 인터넷접속, 커뮤니케이션 등을 통해 온세상을 하나로 연결하는 초연결사회로 발전해 나갈 것이다.

(3) 상상력과 공감의 사회 도래에 따라 인간의 직업, 가정, 감성, 능력 등을 지원하고, 인간생활 관련정보가 적극적으로 활용되면서 인간과 더욱 밀착하는 형태로 발전해 나갈 것이다.

21세기 한국사회의 기술변화는 ① 인구구조의 변화, ② 양극화, ③ 네트워크사회, ④ 가상지능공간, ⑤ 기술의 융·복합화, ⑥ 로봇, ⑦ 웰빙, 감성·복지경제, ⑧ 지식기반경제, ⑨ 글로벌 인재의 부상, ⑩ 기후변화 및 환경오염, ⑪ 에너지위기, ⑫ 기술발전에 따른 부작용, ⑬ 글로벌화, ⑭ 안전 위험성 증대, ⑮ 남북통합이 미래 트렌드의 주요 변화 요인이 될 것이다.

그린에너지 기술의 실용화[7]

지구환경의 기후변화가 가시화되면서 주요원인인 에너지 문제를 해결하기 위한 기술이 구체적으로 적용되고 실용화될 것이다.
- 태양열, 수소, 바이오 등 신재생에너지 기술과 기존에너지의 효율성을 증대하는 그린에너지 기술이 실생활에 보편적으로 활용될 것임.
- 전력소비감소, 탄소저감 등을 위한 지능적인 환경관리 기술 및 친환경제품의 실용화

① 신재생에너지 기술

Hydrogen · Energy System(수소를 이용한 전력발생기술), Dish/Stirling Engine(거대한 반사접시에서 받은 열에너지를 운동에너지로 바꾸는 장치) 등 태양에너지, 수소에너지, 에너지 저장 등 신재생에너지의 운송, 저장서비스 실현기술

② 환경관리 기술

Carbon Capture and Sedouestration(탄소를 포집하여 저장 및 온실가스를 감소시키는 기술) 등 탄소, 열감소를 통해 지구환경 관리기술이 실용화된다.

BT와 IT의 융합기술의 성장

IT를 연결고리로 하여 생물학, 나노학, 로봇공학 등과 결합되는 융합기술의 발전
- IT를 통한 신체 데이터 수집 및 분석, 몸속을 이동하는 나노로봇, 원격수술 등은 신개념 의료서비스 영역을 구축

---

7) 한국정보화진흥원(미래사회 메가트렌드로 본 10대 미래기술 전망 : 2012, pp. 122~123)

① 거리, 장소에 구애받지 않는 의료서비스

Tele-Surgery(가상현실, 원격조정 로봇 등을 통해 환자를 원격으로 수술하는 서비스) 등 의사의 진단, 치료, 수술 등 의료서비스의 거리, 장소 한계를 해소하는 기술

② 신체의 생리학적 변화를 모니터링하는 의료서비스

Digital Plasters Forsireless Body Monitoring(혈당, 심전도 등 생명을 유지하는 인체의 신호를 측정하여 보건시스템으로 전송하는 착용성을 가진 무선장비) 등 환자 신체상태, 체내 약물반응 등을 모니터링하는 의료서비스 기술

나노산업 발전으로 신소재산업의 급성장

나노산업 발전으로 기존산업의 틀을 바꿀 수 있는 새로운 소재, 새로운 제품이 개발된다.

- 새로운 기술이 적용된 자동차, 종이, 섬유, 전자제품, 무기 등은 기존과는 다른 서비스 제공

① 새로운 접근을 통한 신소재의 개발

Samrt Fabrics(기존의 옷장에 최신기술이 융합된 미래의 옷감) 등 나노기술을 이용하여 기존과 다른 접근법을 적용한 신소재 개발기술

② 새로운 서비스를 제공하는 신제품

Autonomous Vehicles(다중 센서를 통해 다양한 실외환경의 변화를 극복하고 이동체 스스로 원하는 목적지까지 경로를 파악하여 이동할 수 있도록 하는 기술) 등 신제품이 제공하는 새로운 신제품 개발기술

다양한 IT융합기술로 초연결사회의 도래

다양한 IT융합기술을 통해 자원, 사람 등 세상이 모두 연결되고 접속되는 초연결사회가 도래됨.
- 소셜 네트워킹, 다양한 휴대기기 간 연결, 만물통신, 인터넷 플랫폼, 퀀텀 컴퓨팅 등으로 방대한 세상을 신속하고 끊김없이 연결

① 세상을 연결하는 기술

Time-Stamping Service(공인인증기관이 사용자가 제출한 문서가 제출된 시각정보에 대하여 전자서명을 하는 서비스) 등 다양한 네트워크 구축기술, 사물 간 통신, 이동을 조정 및 관리하는 기술을 통해 세상은 하나로 연결

② 방대한 빅 데이터를 처리하는 기술

DNA Logic[DNA의 4가지 염기(ATGC)로 신호가 구성되어 생체기술(BT)과 정보기술(IT)이 융합된 기술] 등 고용량 빅 데이터를 처리하는 새로운 방식의 기술

인간의 행복과 삶의 질을 향상시키는 기술

인간생활, 감성, 정신적·육체적 능력 등과 같은 휴먼정보를 이용하거나 모방하는 기술과 서비스로 인간 삶은 한 단계 진화
- 인간은 사이버나우 등과 같이 시공간을 초월하여 인간의 오감을 이해하고 신체 및 정신능력을 향상시킬 수 있는 삶의 영위 가능
- 지능, 신체기능 등을 모방하여 인간의 사고력, 신체, 임무를 대신하는 로봇은 인간 삶을 변화시키는 중요한 사회요소로 대두

① 인간의 감각을 이해하는 기술

Volumetric and Holographic Displays(3D TV와 같이 눈의 착시현상을 이용한 디스플레이와 달리 실제공간에 입체적인 빛을 쏘아 사물의 형상을 표현하는 장치) 등 시각, 청각, 촉각 등 오감과 인지기능을 자극하여 실제와 같은 느낌의 서비스를 제공하는 기술

② 인간의 신체를 이용하는 기술

Bio-Acoustic Sensing(신체의 일부를 두드릴 때 각 부분에 따라 서로 다른 주파수가 발생하는데 이를 디지털화된 전자기기의 명령으로 변화하여 디바이스를 실행하는 기술) 등 피부, 뇌, 팔, 다리 등 신체 일부에 장착 및 이식한 형태로 서비스를 제공하는 기술

③ 자연을 모방하는 기술

Biomimetic Robot(살아 있는 생물의 오묘한 행동이나 구조 등을 모방한 로봇으로 인간이 접근하기 어려운 곳에서 도청, 탐지, 탐색 등을 수행) 등 자연의 생물, 인간의 행동, 모양 등을 모방하여 인간을 대신하는 서비스 제공기술

4. 국민행복과 삶의 질 향상으로 가는 길

1980년 미국은 세계 GDP의 49%를 생산하였다. 개인의 기회와 물질적 성공을 강조하는 아메리칸 드림은 20세기 후반 내내 세계의 많은 젊은이들이 갈망하는 개인의 꿈이 되었다. 그러나 21세기가 시작되면서 팍스 아메리카나에 대한 회의적 시각과 도전에 따라 2030세대를 비롯한 세계의 많은 사람들이 기후변화와 공감의 사회, 안전한 공동체사회의 실현, 물질적인 것보다 체험적인 생활방식을 선호하고 경제성장이라는 GDP 측정방식이 인간의 행복과 삶의 질의 모든 것을 표현해주지 못한다는 인식이 공유됨에 따라 삶의 질을 나타내는 "행복지수"에 대한 관심이 증대하고 있다. 아메리칸 드림은 개인의 자율성과 기회를 중시하고, 개인의 자유와 행복을 확보하는 수단으로 물질적 이익을 강조한다. 그러나 한 개인이 자율적인 고립상태에서 홀로 번창하는 것이 아니라 사회적 동물로 다른 사람과의 깊은 관계 속에서 성공할 수 있다는 사실을 깨달게 됨으로써 공동의 가치를 강조하고 삶의 질과 행복지수를 높이는 과제에 관심이 집중되고 있다. 2009년 영국의 비영리단체인 신경제재단(NEF)이 실시한 국가별 행복지수(HPI)에서 전 세계 GDP 1위인 미국은 조사대상 143개국 중 114위를 차지했다. 영국은 74위, 프랑스는 71위였다. 가장 행복한 나라인 1위는 중남미의 섬나라 코스타리카가 차지했다.

국민행복을 측정하고, 삶의 질을 측정하기 위하여 GDP를 대체할 만한 지표를 찾기 위해서 세계은행과 UN 등에서 많은 시도를 하였다.

지속가능한 경제복지지수(ISEW), 참진보지표(GDI), 포드햄사회건강지수(FISH), 경제적 웰빙지수(IEWB) 등이 대표적인 것이다.[8]

8) 제러미 리프킨「공감의 시대」, p.679)

GDP를 대체하는 지표를 만들려는 최초의 시도는 1989년에 세계은 행의 허만 데일리와 존 콥이 만든 지속가능한 경제복지지수였다. 프랑 스 정부와 EU 집행위원회는 진정한 건강과 경제와 시민의 복지를 판단 할 수 있는 생활지표를 만들어 내기 위한 국가차원의 연구를 진행 중이 다. 2012년 4월 유엔이 발표한 "세계행복보고서"에 따르면 한국의 행 복지수는 10점 만점에 5점대 후반으로 150개국 중 56위에 머물렀다.

2011년 5월 OECD가 발표한 국가별 행복지수에서 한국은 34개 회원 국중 26위로 하위권이었다.[9] AP통신은 2012. 4. 2. 부탄 총리가 유엔회 의에서 국민총생산(GNP)지표를 국민총행복(GNH)지표로 대체할 것을 제안했다고 보도했다. 삶의 궁극적인 목표가 소득과 경제가 아니라 행 복이라고 느낀다면 행복에 영향을 미치는 것의 10%는 소득, 50%는 유 전적 요소, 40%는 개인의 의도된 활동에 있다고 분석하는 심리학자들 의 이야기를 참고할 필요가 있다.

인도의 잡아함경에 한 비구가 부처님께 질문하는 장면이 나온다.

"비구여, 물질은 불변하는 것인가, 변화하는 것인가?"

"스승이시여, 물질은 변화하는 것입니다."

"물질이 변화하는 것이라면 그것은 괴로움이겠느냐, 즐거움이겠느냐?"

"스승이시여, 그것은 괴로움(苦)입니다."

"물질이 변화하고, 괴로운 것이라면 그것을 보고 관찰하여 '이것은 나의 것이다'하는 그것이 바로 나다."

현재 한국은 자살사망률이 인구 10만명당 31.7명으로 OECD평균 11.3명보다 3배에 가까운 높은 비율로써 2000년 13.5명보다 131%가 증 가하여 하루 평균 43명의 자살자가 발생하고, 유일하게 자살자가 증가 하는 국가이다.[10]

한국노인 빈곤율도 45.1%로써 OECD평균 13.5%보다 3.34배 수준이다.

9) 헤럴드경제(2012.4.24)
10) 머니투데이(2011.9.8)

선진국에서 200년간 성취한 과정을, 40년간의 압축 성장에서 한국은 연평균 근로시간이 OECD국가 최고이며, 무한경쟁과 사회적 양극화의 악순환 속에서 우리 사회에서 구조적으로 대두되는 문제로 함께 지혜를 모아서 해결해 나가야 할 문제이다.

미국 미래연구 싱크탱크인 밀레니엄프로젝트에서는 세계미래학회 연례컨퍼런스(2009.7)에서 향후 20년간 미래 잠재적 글로벌 이슈인 "미래사회 변화동인 35가지"를 발표하였다. 중요도 1순위는 경제시스템 내 윤리문제의 부각, 2순위는 삶의 질을 반영한 새로운 개념의 GNP와 GDP 지표 등장이다.

미래사회 변화동인 35가지 중, 중요도가 높은 15가지는 다음과 같다.

▌ 중요도가 높은 15가지 주요 미래 변화동인 ▌

순위	중요도	이슈
1	8.36	경제시스템 내 윤리문제의 부각
2	7.96	삶의 질을 반영한 새로운 개념의 GNP / GDP 등장
3	7.75	공기, 해양 등 글로벌 공유재를 보존하기 위한 국가 간 합의
4	7.74	집단지성(Collective Intelligence)의 활용
5	7.64	온라인 교육시스템 확산 – 지속적으로 업데이트되는 커리큘럼
6	7.61	투명성 증가에 따른 정보 격차 감소
7	7.56	상품의 가격에 자연자원 보존을 위한 비용을 추가
8	7.25	남성과 동등해지는 여성의 정치·경제적 역할
9	7.10	조세피난처와 비밀계좌의 외부공개 증가
10	6.83	부의 개념 재(再)정의 : 단순 물질적 가치 축적이 아닌 지식이나 경험 중시
11	6.80	수요와 성장을 창출하기 위한 인위적 노력의 증가
12	6.73	신설 기업과 개별 연구자들에 대한 개인의 직접 투자 증가
13	6.68	탄력적 업무 확대
14	6.64	인터넷을 통한 고용 증가
15	6.60	시너지 창출 기능 vs 경쟁적 기능

* 자료 : 기획재정부 보도자료(2009.8.28)

우리나라도 글로벌 이슈인 삶의 질을 반영한 새로운 개념의 GNP 및 GDP 지표 개발과 경제시스템 내 윤리문제를 해결할 수 있는 과제해결에 보다 높은 관심을 보여야 한다. 이것은 21세기 내내 글로벌 이슈로 부각될 미래의 주요 변화동인이기 때문이다.

5. 꿈의 사회, 생존사회

꿈의 사회(Dream Society)

미래학자 롤프 옌센은 소비자의 꿈과 감성에 호소하고 이미지에 의해 움직이는 꿈의 사회가 도래할 것으로 예견했다. 상상력과 창조력이 핵심 국가경쟁력이며, 이야깃거리(스토리텔링)를 가지고 고객의 심금을 울리는 맞춤마케팅으로 문화, 가치, 생각, 정신이 모든 상품가치를 결정할 것이라고 말했다.[11]

미래학자인 짐 데이토 교수는 "불확실한 시대에도 한 가지만은 확실하다. '꿈의 사회'가 온다는 것이다. 정보화사회 다음엔 '꿈의 사회'라는 쓰나미가 밀려온다."고 하였다.

"꿈의 사회"는 꿈과 이미지에 의해 움직이는 사회이다. 경제의 주력 엔진이 "정보"에서 "이미지"로 넘어가고 상상력과 창조성이 핵심 국가경쟁력이 된다. 그는 한국이 K-POP 등 "한류"라는 흐름 속에서 스스로 이미지를 상품으로 포장하여 정부차원에서 한류를 수출하고 있으며 이미지가 돈이 된다는 것을 알아챈 세계최초의 국가로서 "꿈의 사회"에 진입한 세계 1호 국가라고 하였다. "꿈의 사회"는 정보가 아닌 이미지를 소비하는 사회이며 물질보다 의미와 스토리(이야기)를 생산하고, 콘텐츠를 관할하는 자가 부를 축적할 수 있는 사회이다.

"꿈의 사회"에서는 GNP보다 국민총매력(GNC)이란 지표가 중요하다. GNC는 한 나라가 얼마나 매력적(쿨)인지에 의해 그 나라의 부를 측

11) 매일경제(2007.10.16)

정하는 것이다. 미래는 이미지사회이기 때문에 매력(쿨)적인 것이 아주 중요한 자산이 된다.

미래는 보이지 않는 가치, 즉 이미지가 중요한 시대이며 사람들은 보이지 않는 것이 진정으로 중요하다는 것을 깨닫기 시작했다.

그는 1970년대 이메일을 사용하면서 "정보와 이미지사회"를 예견했으며, 인터넷에서 아바타를 세우고, 이름 대신 아이디(ID)로 서로를 부르는 것은 드림 소사이어티의 초기 징후로 보았다.[12)]

- 인터넷의 접속평등(Equal access)이 구현되어 유권자 모두 온라인 투표로 자신의 의사를 표현하고 직접민주주의가 실현되면서 정치인은 사라질 것이다.
- 리더 1인이 아닌 모든 사람들이 자신의 관심사안에 대하여 투표를 하게 되면, 사회는 일정한 방향성을 띠게 되고 환경, 세금, 주택정책이 실수요자들을 중심으로 움직여 갈 것이다.

생존사회(Survival Society)

이제는 살아남는 것도 중요한 미래전략인 시대가 왔다. 특히 한국은 생존사회(서바이벌 소사이어티)에서 키 플레이어가 될 수 있는 잠재력이 있다.

2008. 11. 13. 내한한 짐 데이토 교수는 2008년도 미국금융위기로 비롯된 세계금융위기와 실물경제의 위기가 미국이 자신이 감당할 수 없을 정도의 소비를 조장해 소비자의 빚을 통해 소비가 만들어지는 시스템 때문에 위기가 벌어졌다고 진단하고 "전 세계는 당분간 경제적, 사회적, 문화적 어려움이 계속되고 결국 생존사회가 지배할 것"이라고 말했다.

짐 데이토 교수는 미국 서브프라임 모기지 사태로 촉발된 글로벌 금

---

12) 「미래혁명」(일송북, 2007, p.167)

융위기 전에 "세계금융시스템을 바로잡지 않으면 재앙이 올 것"이라고 사전에 경고하였다. 세계는 석유 값이 오르락내리락하는 최근의 상황과 관계없이 석유는 고갈될 것이며 화석경제로 성장을 이끌던 시대는 끝났다는 사실은 변함이 없으며 지구온난화, 해수면 상승, 식수와 토양오염, 새로운 질병이 나타나 환경재앙이 올 것이라는 것도 예측이 아닌 "변함 없는 사실"이라고 강조했다.

쓰나미와 같이 밀려오는 미래에 대응하기 위해 소비자(컨슈머)를 쫓기보다 환경지킴이(컨서버)를 세상의 주류로 이끌어내야 한다고 주장한다. 환경지킴이는 태양광, 풍력, 조력을 사용하는 습관을 들이고 오염된 물과 공기를 정화하는 노력을 하며 자연(토양)을 회복하는 데 투자를 아끼지 않는 사람들이다. 한국의 "저탄소 녹색성장"전략과 일맥상통하는 개념이다. 그는 생존사회에서는 경제성장률, 주가지수, 환율 등 숫자로 표현되는 경제지표가 아닌 자살률이나 인구성장률에 신경을 써야 하며 인구성장률의 저하는 결국 경제의 성장잠재력을 갉아 먹을 것이고, 자살률의 증가는 사회가 예측가능한 사회로 가는데 결정적 방해요소가 된다는 것이다. 짐 데이토 교수는 현재 생존사회에서 각 기업은 그린혁명과 그린(지구온난화 대비, 이산화탄소 감축 실천)을 새로운 성장 동력으로 삼아야 한다는 점을 강조하였다.[13]

그는 생존사회의 핵심기술은 트랜스포테이션(교통)이 될 것으로, 트랜스포테이션(Transportation)기술은 IT기술과 교통을 접목하면 보다 효율적인 교통체계를 구축할 수 있을 뿐만 아니라 향후 인간과 인간, 인간과 기계가 서로 콘텐츠를 전송하는 기술도 개발될 것이라고 전망하였다. 그는 정보혁명의 변곡점을 지나 그린혁명으로 나가야 하는 세계의 현 좌표를 명약관화하게 밝혔으며, 우리는 크게 공감하며 쓰나미처럼 밀려오는 새로운 미래를 대비하여 미래지도를 그리고 바람개비처럼 혁신적인 국가전략을 세우고 실천해 나가야 할 것이다.

---

13) 매일경제(2008. 11. 18)

6. 미래지도를 그리자 – 바람개비 국가혁신론

미래의 시각화 – 미래지도

레오나르도 다빈치는 "모나리자"와 "최후의 만찬"을 그린 천재적인 화가로 우리에게 알려져 있지만, 플라스틱이나 강철이 없던 500년 전에 비행기의 전신인 비행체의 그림을 그려서 우리에게 남겨놓았다.

시각적인 그림을 통하여 미래를 보여주는 것이 "미래지도"이다. 일반적으로 미래 트렌드는 각각의 트렌드가 상호작용하여 연결된 시너지가 엄청나게 작용한다. 새로운 미래는 하나의 트렌드가 아니라 모든 트렌드가 통합적으로 상호 연결하여 발생하고 새롭게 창조되는 것이다.

제임스 캔턴이 개발한 미래지도는 개인, 기업, 국가의 미래비전과 전략을 파악할 수 있으며, 구성원 상호 간에 미래의 비전과 전략을 상호 커뮤니케이션할 수 있는 강력한 도구이다. 미래지도는 미래를 시각화함으로써 개인, 기업, 국가의 원하는 미래를 그려볼 수 있다. 미래지도는 전략적인 사고를 돕고 미래에 더 나은 선택을 하도록 만드는 시각적 도구이기 때문에 미래지도를 통해 우리는 가고 싶은 목적지를 보다 쉽게 파악할 수 있다.[14]

새로운 미래를 정의하는 5가지 키워드는 속도, 복잡성, 변화, 문화, 위험사회이다. 2050년 지구인구는 94억명으로 저출산 고령화사회, 지구 기후변화의 거대한 도전 속에, 그린혁명(그린에너지), 인공지능, 나노, 생명공학 등의 최첨단 과학기술이 사회구조를 송두리째 바꾸는 거

---

14) 제임스 캔턴(「극단적 미래예측」, 2009, p.28)

대한 변혁의 물결에 적극적으로 대처하여 전 지구적 환경생태로의 변화에 대응하여 지도와 나침반을 준비하고 더 늦기 전에 새로운 미래를 대비하는 마음자세 확립과 미래예측으로 다가오는 미래를 대비하여야 한다.

21세기는 인간과 자연의 조화, 정신과 물질이 조화를 이루고 사회 양극화와 늘어나는 자살률, 노인빈곤 등 사회 불안요인을 해결하고 사회 전 구성원이 함께 가는 지속적이며 균형 있는 사회를 만들어 나가야 할 것이다. 유럽과 서양의 사상은 인간과 자연을 충돌과 대립으로 인식하므로, 새로운 문명의 시대에 인간이 자연에 순응하는 천·지·인 합일 사상과 문화를 가진 우리나라를 비롯한 아시아가 주도적으로 21세기 과제를 해결해 나가야 할 것이다. 21세기는 태평양시대, 중국과 인도, 아시아의 부상으로 세계경제를 주도해 나갈 것이다. 우리나라는 아시아 태평양시대 중심국가로서 해양세력과 대륙세력의 교차점에서 허브와 축의 역할을 주도해 나가야 할 것이다.

우리나라는 태극기의 중심에 있는 태극과 같이 음과 양의 조화사상으로, 바람개비의 축이 되어 바람개비의 4날개인 미국, 일본, 러시아, 중국의 상호 성장과 조화와 균형을 주도하는 강력한 축이 되어야 한다. 바람개비의 축은 꿈의 사회, 생존사회를 주도해 가기 위해서 기후변화와 초연결사회에 기반한 IT와 BT, 나노 등 21세기 사회적 기술 메가트렌드와 속도와 복잡성, 변화 등 5가지 키워드를 기반으로 유용한 미래 대안들을 찾아서 미국, 중국, 일본, 러시아의 거대한 바람개비의 4날개를 돌려야 할 것이다. 바람개비의 축보다 날개가 큰 것은 당연한 것이다. 날개가 클수록 바람은 거대하고 빠르게 축을 회전시킬 것이다. 바람이 불지 않을 때는 바람개비의 4날개를 앞 방향으로 향하게 하여 힘차게 앞으로 달려 나가야 한다. 미래 혁신경제, 혁신국가전략이 그 강력한 동력이 되어 줄 것이다.

우리는 혁신경제를 동력으로 인류의 목표인 국민행복과 보다 향상된 삶의 질로 가는 목표를 달성할 수 있는 길을 찾아가야 할 것이다.

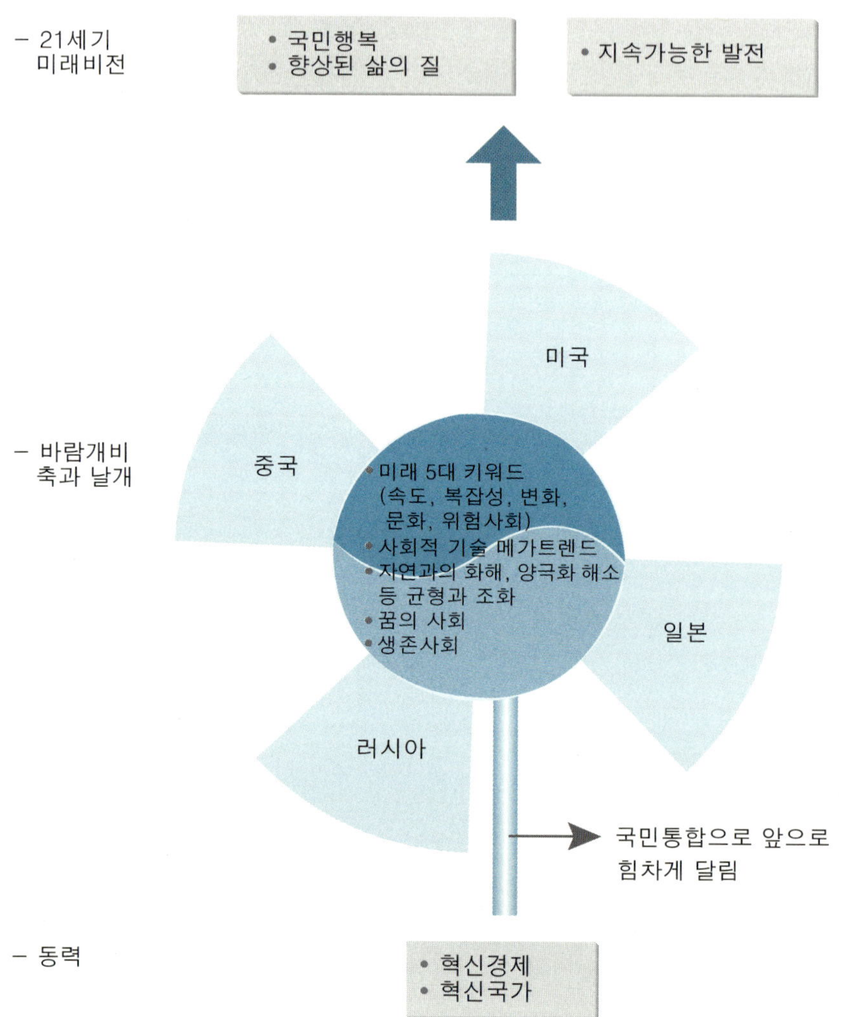
바람개비 국가혁신론
국민행복
향상된 삶의 질
지속가능한 발전
21세기
미래비전
미국
중국
일본
러시아
바람개비
축과 날개
미래 5대 키워드
(속도, 복잡성, 변화,
문화, 위험사회)
사회적 기술 메가트렌드
자연과의 화해, 양극화 해소
등 균형과 조화
꿈의 사회
생존사회
국민통합으로 앞으로
힘차게 달림
동력
혁신경제
혁신국가

미래예측과 국가미래혁신 전담조직 신설

국제신용평가회사인 피치는 2012. 4. 2007년부터 2009년까지 전 세계 휴대전화 시장의 40%를 장악하여 세계시장 판매 1위를 차지했던 노키아의 신용등급을 투자 부적격등급(정크본드수준)인 BB+로 하향조정하고 등급전망도 부정적으로 유지했다. 향후 신용등급이 추가하락할 수도 있다는 신호이다. 노키아는 핀란드 수출의 21%와 국가전체 연구개발비의 35%를 차지하고 있어 핀란드의 경제도 휘청거리고 있다. 노키아의 추락은 애플이 창조한 스마트폰 시장이라는 세계시장의 흐름을 놓쳤기 때문이다. 1987.10.29. 개정된 대한민국 헌법 전문은 "우리들과 우리들의 자손의 안전과 자유와 행복을 영원히 확보하는 역사를 창조할 것을 다짐"하고 있다. 21세기 세계경제의 축과 문명의 축이 대전환하는 이 시기에 미래예측과 국가혁신 전담조직이 절실히 필요한 이유이다. 미래예측과 국가미래전략을 위하여 국가 전체 자원의 효율적 배분과 집중을 위하여 범정부차원의 협조와 연계가 필요하며 장기적으로 지속적인 선택과 집중을 위한 국가미래혁신 전담조직의 설치 시, 이상형은 각 나라의 고유의 경험과 선택적인 국가미래비전 및 전략에 따라 다를 것이다. 우리나라는 과거 1995년 전 세계에서 유례가 없는 정보혁명 전담부처인 정보통신부를 신설하고 정보화촉진기본법 제정 및 민관합동의 초고속정보화 추진위원회를 신설하고 IT인프라 구축을 성공적으로 수행한 경험이 있다.

이러한 경험은 우리의 커다란 성공적 자산이다. 이제 그린혁명, 꿈의 사회, 생존사회를 주도해 나가기 위하여 우리는 국가미래 혁신전략을 선택하여 집중해 나가는 국가혁신 전담조직을 신설하여 강력하고도 전략적으로 국가미래 혁신전략을 추진해 나가야 할 것이다.

| 미국, 일본 및 우리나라의 초고속정보통신 기반구축 추진 전담기구 비교 |

구분	미국	일본	한국
추진전략	• NII 구축을 통한 국가 경쟁력 강화 - 보편적 멀티미디어 서비스 제공	• 21세기 지식사회 구현 - 정보화에 대한 가치관 정립 및 풍요로운 국민생활	• 21세기 선진국 진입 - 정보통신 산업육성을 통한 국가경쟁력 강화
정책주도 기관	• 백악관 • IITF(Information Infrastructure Task Force) - 1993년 2월 구성	• 고도정보통신사회 추진 본부 - 1994년 8월 구성 - 본부장 : 총리	• 초고속정보화추진위원회 - 1994년 5월 - 위원장 : 국무총리
투자주체	• 민간주도 • 연방정부는 - 주 및 지방자치단체의 정책 조정	• 민·관 합동 • 정부는 - 선도적 시범사업지원 - 세제·금융지원 등 민간부문지원	• 민·관 합동 • 정부는 - 공공 부문의 선도적 수요창출 및 핵심기술개발 - 민간부문 참여 유도를 위한 제도 등 여건 정비
구축목표	• 공공기관 : 2000년 - 전국의 교실, 도서관, 병원, 보건소 등 연결 • 가정까지 : 2010년	• 공공기관 : 2000년 - 전국의 학교, 도서관, 병원, 시민회관, 복지시설 등을 연결 • 가정까지 : 2010년	• 공공기관 : 2010년 - 국가·지방자치단체 등의 공공기관을 연결 • 가정까지 : 2015년
HW, SW개발	• 각국 모두 민간이 주도적으로 개발 • 정부는 핵심기술 개발에 직·간접적으로 참여		
투자계획	• 2000년대 중반까지 총 1,129억달러 투자	• 2010년까지 총 5,300억 달러 투자 - 주로 민간이 투자	• 2015년까지 총 563억 달러 투자계획 - 민간 : 541억달러 - 정부 : 22억달러

* 자료 : 한국IT정책 20년(정홍식) 재구성

　　우리나라의 국가미래혁신 전담조직은 그린혁명과 정보(IT) 및 트랜
스포테이션(전송 및 운송)의 국가미래전략 키워드를 집중적으로 구현
해 나가야 할 것이다.

녹색정보운송부 신설(MGIT ; Ministy of Green Information Transportation)

> 　　– 그린에너지 성장동력화
> 　　– IT융합기술 개발
> 　　– 생존사회의 핵심 키인 미래운송 인프라 구축
> ● 그린에너지 성장동력화, IT융합기술 개발, 생존사회의 핵심 키인
> 　미래운송 인프라 구축을 위한 민관합동 추진위원회 구성 및 인프
> 　라 투자 계획수립
> ● 민관합동 추진위원회 상설 사무국에 특별법(제정)으로 정한 권한
> 　부여

　　21세기에는 중국과 동북아시아가 세계최대의 경제권을 형성할 것
이다. 중국은 2000년대까지 우리나라 무역비중이 10%가 못되었으나
2012년 현재 25%를 넘어서 30%대로 향하여 가고 있다. 짐 데이토는 생
존시대에는 트랜스포테이션, 즉 인간과 사물 간의 전송과 교통, 운송기
술이 부상하는 시대라고 하였다. 남북한과 중국 및 시베리아 대륙을 연
결하는 대륙 철도망 건설은 우리의 미래비전을 위하여 피할 수 없는 과
제이다. 동북아 물류교통 중심기지화를 위하여 남북한 연결 고속철도
와 중국대륙과 시베리아 횡단철도의 연결망 구성이 시급한 과제이다.
러시아가 시속 250km의 고속열차 개발에 성공함으로써 향후 한반도
고속철도와의 연계망 구성은 우리에게 실현가능한 비전으로 다가올 것
이다. 우리는 1990년대 중반 563억달러, 즉 62조원의 초고속정보통신
기반망 투자계획을 수립하여 세계최초로 전국적인 초고속정보통신망

을 완성한 경험을 바탕으로 그린에너지 동력화, IT융합기술 개발, 생존사회의 핵심 키인 전기자동차, IT융합형 고속철도 등 미래운송 인프라 투자 계획수립 및 국가미래혁신 전담조직을 신설하여 국가미래비전을 성공적으로 달성할 수 있을 것이다.

짐 데이토 교수는 "한국 사람들은 근면할 뿐만 아니라 창의적이므로 미래는 예언하는 것이 아니라 발명하는 것이라는 것을 상기할 때 한국인이 미래사회 설계에 큰 역할을 할 수 있을 것이다."라고 하였다. 인도의 시성 타고르는 1929년 "일찍이 아시아의 황금시기에 빛나던 등불의 하나인 코리아, 그 등불 다시 한번 켜지는 날에 너는 동방의 밝은 빛이 되리라."고 노래하였다. 한국은 21세기 태평양시대, 인류의 생존과 새로운 미래를 주도해 나갈 것이다.

> "벽오동 심은 뜻은 봉황을 보렸더니
> 내 심은 탓인지 기다려도 아니 오고
> 밤중에 일편명월만 허공에 걸렸에라."

이 시는 조선 중기 작자미상의 시이다. 봉황은 벽오동나무에만 둥지를 짓고, 봉황새가 나타나면 온 세상이 태평하게 된다는 상서로운 새이다. 벽오동을 심어놓고 봉황을 기다리는 마음이 잘 나타나 있다. 미국이 지식정보사회에 진입한지 60여년, 이제 세계는 정보혁명이 변곡점을 지나 그린혁명으로 가고 있다. 2010. 4. 14. 「저탄소 녹색성장 기본법」 제정과 2012. 5. 14. 「온실가스 배출권의 할당 및 거래에 관한 법률」이 제정됨에 따라 이제 그린혁명은 국가와 기업과 전 국민의 법적 의무가 되었다.

변곡점을 지나는 정보혁명도 우리는 IT와 BT, 나노, IT융합기술에 대한 연구개발과 투자로 또다시 S자 곡선으로 힘차게 재상승할 수도 있을 것이다. 석유자원 고갈과 기후변화, 무분별한 자원낭비로 지속적인 경제성장이 한계상황에 다가설 수도 있는 21세기에 우리는 인간자원의 개발과 인류의 생존을 위한 상상력과 창조성을 발휘해야 할 것이다. 국민행복과 보다 더 향상된 삶의 질, 지속가능한 발전, 인류의 생존과 번영을 주도하는 목표를 달성하는 봉황을 기다리는 마음으로 우리는 각자 자기의 위치에서 한그루 벽오동을 정성껏 심을 일이다.

손민익(孫旼翼)

· 연세대학교 행정대학원 졸업(행정학석사)

· 연세대학교 행정대학원 총동문회 상임이사
· 연세대학교 총동문회 상임이사
· 연세대학교 총동문회 공공분과위원회 위원

· 정보통신부 통신정책국
· 부산 금정 우체국 업무과장
· 서울 강서 우체국 우편물류과장
· 지식경제부(우정사업본부) 지식정보센터
  우편물류팀장, 금융정보팀장, 청사관리팀장, 회계팀장, 보험팀장
  대외팀장, 전파팀장, 환지로팀장
· 국제우편물류센터 운용1과장

· 논문 : 미래정보화사회와 전기통신정책에 관한 연구 외 다수

정보혁명 변곡점을 지나 그린혁명으로

2012년 10월 25일 초판1쇄 인쇄
2012년 10월 30일 초판1쇄 발행

저 자 손 민 익
펴낸이 임 순 재
펴낸곳 **한올출판사**
　　　　등록 제11-403호
　　　　121 - 849
　　　　주   소 서울시 마포구 성산동 133-3 한올빌딩 3층
　　　　전   화 (02) 376-4298 (대표)
　　　　팩   스 (02) 302-8073
　　　　홈페이지 www.hanol.co.kr
　　　　e-메 일 hanol@hanol.co.kr
　　　　정   가 12,000원